David Menasche

Davids Liste

KNAUR
MENSSANA

Für Jacques Menasche, der mich gelehrt hat,
dass es nicht nötig ist, tapfer zu sein.
Und der mir dann gezeigt hat,
wie man tapfer ist.

David Menasche

Davids Liste

Was bleibt, wenn ich gehe

Aus dem Englischen
von Ulrike Strerath-Bolz

KNAUR
MENSSANA

Die amerikanische Originalausgabe erschien 2014
unter dem Titel »The Priority List: A Teacher's Final Quest to
Discover Life's Greatest Lessons« bei Touchstone.

Besuchen Sie uns im Internet:
www.mens-sana.de

FSC
www.fsc.org
MIX
Papier aus verantwortungsvollen Quellen
FSC® C083411

Redaktion: Carlo Günther
Umschlaggestaltung: ZERO Werbeagentur, München
Umschlagabbildung: FinePic®, München
Satz: Adobe InDesign im Verlag
Druck und Bindung: CPI books GmbH, Leck
ISBN 978-3-426-65738-6

2 4 5 3 1

Prolog

Bei seiner Abschiedsrede im Yankee-Stadion, kurz nachdem er im Alter von sechsunddreißig Jahren erfahren hatte, dass sein Leben bald zu Ende gehen würde, sagte der große Lou Gehrig: »Ich halte mich heute für den glücklichsten Mann auf Erden.«

Das tue ich auch, und ich bin es.

Ich war etwa genauso alt wie Lou, als ich 2006, auf dem Höhepunkt meines Schaffens als Lehrer, mit der Diagnose konfrontiert wurde, dass ich einen Gehirntumor hatte und nur noch wenige Monate leben würde. Jetzt, sieben Jahre später, sitze ich hier in meinem Zuhause in New Orleans, verkrüppelt und fast blind. Und ich bin glücklich, dass ich immer noch die Schönheit der rosafarbenen Magnolien vor meinem Fenster genießen kann, dass ich meine Lieben wahrnehmen und mit meinen Freunden lachen kann. Und dass ich die Chance habe, meine Geschichte mit Ihnen zu teilen.

Ich bin realistisch. Es gibt keinen Grund, warum ich noch am Leben sein sollte. Die Krankheit lässt mich nie vergessen, dass sie und nicht ich diesen Kampf gewinnen wird. Ich weiß, der Krebs wird sich durchsetzen, und zwar eher früher als später.

Aber während mein Sehvermögen sich immer mehr verschlechtert und meine Welt dunkler wird, während meine Arme schwächer werden, so dass ich bald die Gabel nicht mehr zum Mund werde heben können, und während meine Beine unter mir dahinwelken, habe ich beschlossen, das bisschen Zeit, das mir noch bleibt, auf die einzige Weise zu nutzen, die ich kenne: mit Freude.

Ich kann keine Schulklasse mehr herumkommandieren, wie ich es früher getan habe. Aber ich hoffe, indem ich meine Erfahrungen und die Lektionen mit anderen Menschen teile, besonders die Lektionen des Sterbens, kann ich sie an die Kostbarkeit des Lebens erinnern. Ich habe das nie mehr geschätzt als jetzt, da mir nur noch so wenig Zeit bleibt.

Und so will ich noch einmal ein paar Worte aus der Abschiedsrede des großen Baseballhelden zitieren:

»Abschließend will ich sagen: Das Ende war heftig, aber ich habe unglaublich viel, für das es sich zu leben lohnt.«

Und genau das werde ich tun bis zu meinem letzten Atemzug.

1

Mein linkes Ohr summte. Ich dachte nicht viel darüber nach, fand es nur störend wie die lästigen Schnaken, die einem um den Kopf schwirren wie ein Kettenkarussell im Vergnügungspark. Allerdings war das Summen in meinem Kopf. Ich versuchte es zu ignorieren, bis sich eines Tages, einige Monate nachdem es angefangen hatte, das Geräusch in ein Zittern verwandelte, das von meinem Gesicht an der linken Körperseite hinunterlief, bis zu meinen Zehenspitzen. »Langsam solltest du zum Arzt gehen, Menasche«, sagte ich zu mir. Paula besorgte mir einen Termin. Sie war in unserer Ehe fürs Organisatorische zuständig. Ohne Paula wären irgendwann die Lichter ausgegangen, ohne dass ich überhaupt bemerkt hätte, dass die Stromrechnung nicht bezahlt ist.

Ich ging zu meinem Hausarzt, der mich zu einem HNO-Typen schickte, der seinerseits meinte, ich sollte mal zum Neurologen gehen. Der Neurologe hieß Dr. Paul Damski. Er war noch jung, nicht viel älter als ich mit meinen vierunddreißig Jahren. Und er war eher kühl und sehr direkt. Genau das Richtige für mich. Ich hoffte, er würde meine Symptome auf einen eingeklemmten Nerv oder einen nervösen Tick zurückführen, aber stattdessen ordnete er einen ganzen Schwung Untersuchungen an, alle mit irgendwelchen Abkürzungen als Namen. EEG. EKG. CAT. MRT. Ich war unheimlich erleichtert, als bei den ersten dreien nichts herauskam. Der letzte, der MRT – Magnetresonanztomograph – würde mit Sicherheit ein Ergebnis zeigen, meinte Dr. Damski. Ich würde ein paar Tage darauf warten müssen. Niemand wartet gern, und da bin ich keine Ausnahme. Also konzentrierte ich mich in der Zwischenzeit auf etwas, das mich gut ablenken würde: Ich stürzte mich in die Arbeit.

Die Coral Reef Senior High wird aus gutem Grund als Mega-Magnet-Schule in Miami bezeichnet. Schüler von überall her wetteifern darum, einen Platz an einer ihrer sechs den Abschluss vorbereitenden Akademien zu bekommen: Internationales Abitur, Agrarwissenschaft und Technik, Wirtschaft und Finanzwesen, Recht und Politikwissenschaft, Gesundheit, Bildende und Darstellende Kunst. Die Plätze werden allerdings ausgelost, mit Ausnahme der Bildenden und Darstellenden Kunst, wo es ein heiß umkämpftes Auswahlverfahren gibt. Wenn all diese hoffnungsvollen jungen Künstler da sind, ist die Atmosphäre ungefähr so wie in dem Film *Fame – Der Weg zum Ruhm.* Die Mädchen und Jungen sind auf den Fluren damit beschäftigt, ihre Songs oder Tanzschritte noch mal zu üben. Sobald man sie sah, konnte man gar nicht anders, als gute Laune zu bekommen. Bis ich krank wurde, ließ ich keinen Tag aus.

Ich war seit der Eröffnung der Schule im Jahr 1997 dabei. Es war meine erste Stelle als Lehrer gewesen, und mit meinen fünfundzwanzig Jahren war ich damals nicht viel älter als meine Schüler. Den größten Teil meiner sechzehn Jahre dort unterrichtete ich Englisch in der elften Klasse, für die Schüler mit besonders guten Leistungen und diejenigen, die sich im Voraus fürs College bewarben. Ich genoss es, diese Fünfzehn-

und Sechzehnjährigen zu erleben, die mit ihren ersten größeren Lebensentscheidungen kämpften – ihrer Berufswahl, ihren Beziehungen, der Frage, wo sie leben wollten, auf welches College sie gehen wollten und welche Fächer sie wählen würden. Und gleichzeitig lernten sie Autofahren, sammelten erste Erfahrungen mit Jobs, experimentierten mit Drogen, Alkohol, Sex, suchten nach Identität und Freiheit. Für die Kids ist das eine geradezu transzendentale Zeit. Und seltsamerweise haben die meisten von ihnen, trotz beginnender Unabhängigkeit, von der sie gar nicht genug bekommen können, von der Schule noch nicht die Nase voll. Ich empfand es als große Ehre, an ihrer Verwandlung teilhaben zu dürfen.

Meine Klassentür stand immer offen, so signalisierte ich ihnen, dass ich nicht einfach nur ein Lehrer wie alle anderen sein wollte. In der Regel hingen zur Mittagszeit bis zu einem Dutzend Schüler im Klassenzimmer herum. Oft übten sie irgendwelche Texte, sangen oder tanzten, spielten Geige oder Gitarre. Und wenn nicht gerade jemand hereinkam und über einen Freund oder eine schlechte Note heulte – was eigentlich eher vor oder nach dem Unterricht vorkam –, war es eine glückliche Umgebung.

Und so war es auch an dem Tag, an dem ich meine Diagnose bekam.

Es war am Tag vor Thanksgiving, meinem Lieblingsfeiertag. Ich saß mit meiner Lieblingskollegin Denise Arnold an meinem Schreibtisch. Denise unterrichtete ebenfalls Englisch, allerdings die älteren Schüler. Denise ist sehr zierlich und isst wie ein Spatz. Wenn überhaupt, dann knabberte sie M&Ms aus der Tüte, die immer in ihrem Schreibtisch lag. Treusorgend, wie ich nun einmal bin, kaufte ich mittags immer irgendetwas

Gesundes und versuchte sie zu ein paar Bissen zu verführen. An diesem Tag teilten wir uns einen Salat aus der Cafeteria und machten Witze darüber, dass wir unheimliches Glück gehabt hatten: In dem Plastikbehälter mit welkem Eisbergsalat und matschigen Croûtons waren auch ein paar Gurkenstückchen zu finden. Schüler drängelten rein und raus. Noch während dieses Mittagessens klingelte mein Handy mit dem Klingelton aus dem alten Mario-Brothers-Videospiel. Ich klappte es auf und sah die Nummer meines Arztes auf dem Display.

»Hallo?«, sagte ich und stand auf.

»Hier spricht die Sprechstundenhilfe von Dr. Damski«, sagte die Stimme am anderen Ende der Leitung mit klagendem Ton. »Ihre Untersuchungsergebnisse sind da.«

Ich bin wohl ziemlich optimistisch veranlagt – jedenfalls denke ich immer, alles wird in Ordnung gehen. »Oh«, sagte ich fröhlich. »Großartig! Wie sieht's aus?«

Sie zögerte gerade so lange, dass mein Herz ein wenig zu zittern begann. »Nein«, sagte sie dann, »Sie müssen in die Praxis kommen. Und bringen Sie jemanden mit, kommen Sie nicht allein.«

Es fühlte sich an, als hätte sie mir in den Bauch getreten. »Ich bin in der Schule und kann erst später kommen«, sagte ich.

Die Angst spielt echt komische Spiele mit unserem Kopf. Als ich ihr sagte, ich könnte nicht sofort kommen, hoffte ich wohl irgendwie, ich könnte das Ergebnis beeinflussen – indem ich an der Normalität meines Lebens vor diesem Anruf festhielt. Als würde die Sprechstundenhilfe dann sagen: »Oh, kein Problem, wir können das auch ein andermal erledigen.« Aber das tat sie nicht.

»Machen Sie sich keine Gedanken wegen der Zeit«, sagte sie stattdessen. »Der Doktor bleibt da.«

Ein zweiter Tritt in den Bauch, diesmal mit Spikes an den Schuhen.

»In Ordnung«, sagte ich.

Ich klappte mein Telefon zu und drehte mich zu Denise um. Sie saß da, mit offenem Mund und erwartungsvoll aufgerissenen Augen. »Meine Untersuchungsergebnisse sind da«, sagte ich. »Sie sagen, ich muss in die Praxis kommen, um darüber zu reden. Das klingt nach schlechten Nachrichten.«

Sie sah mich ruhig an. »Es wird alles gutgehen, David«, sagte sie. »Das weiß ich. Komm schon! Du bist doch unbesiegbar.«

Ich weiß nicht mehr, wie ich meinen Nachmittagsunterricht überstanden habe. Ich erinnere mich an Momente, in denen ich so eingenommen war in die Diskussionen mit meinen Schülern, dass ich den Arzt ganz und gar vergaß. Als der Unterricht aus war, ging ich mit Denise zum Parkplatz. Wir sprachen über das, was mir möglicherweise bevorstand und wie ich damit umgehen würde. Vor meinem Auto angekommen, drehte ich mich zu ihr um und sagte: »Das ist das letzte Mal, dass alles ganz normal ist.« Hätte ich doch nur die Zeit anhalten können!

Ich setzte mich hinters Lenkrad, drehte das Radio auf und fuhr Richtung Norden, den Palmetto Expressway entlang, um meine Frau abzuholen. Paula war Geschichtslehrerin an einer anderen Highschool in Miami. Sie konnte nicht Auto fahren, also brachte ich sie immer zur Schule und holte sie wieder ab. Das war unsere tägliche Routine. Und wie immer wartete sie vor der Tür, als ich ankam. Sie sprang auf den Beifahrersitz, ich drehte die Musik leiser und erzählte ihr, was los war.

Sie versuchte ruhig zu bleiben, aber sie war ganz offensichtlich genauso panisch wie ich.

Die Fahrt zum Arzt schien ewig zu dauern, aber für mich ging alles zu schnell. Ich dachte die ganze Zeit, je länger ich es aufschieben könnte, seine Diagnose anzuhören, desto länger könnte ich auch so tun, als wäre alles in Ordnung. Mein Mund war staubtrocken, mein Magen wie verknotet. Paula versuchte ein bisschen von ihrem Tag zu erzählen, und ich war ihr dankbar dafür, aber ich hörte nicht richtig zu. Ich nickte nur immer wieder. Und versuchte zu atmen.

Wie versprochen, war Dr. Damski noch da, als wir in der Praxis ankamen. Die Sprechstundenhilfe zeigte uns den Weg zu seinem Sprechzimmer, ohne Blickkontakt aufzunehmen. Die Tür stand offen. Dr. Damski saß hinter seinem Schreibtisch, als Paula und ich hereinkamen. Seine braunen Haare waren kürzer geschnitten als beim letzten Mal, und er trug einen weißen Arztkittel und ein Stethoskop um den Hals. »Nehmen Sie doch bitte Platz«, sagte er und deutete auf die beiden dunkelgrün und braun bezogenen Kunstlederstühle vor seinem Schreibtisch. Dann sprach er in medizinischen Begriffen mit uns, die ich überhaupt nicht verstand. Multiformes Glioblastom? Ich konnte das nicht mal fehlerfrei aussprechen, geschweige denn verstehen, was damit gemeint war. »Okay«, sagte Dr. Damski. »Ich zeige es Ihnen.«

Hinter ihm war ein großer Computermonitor angebracht, auf dem ein drohendes Bild zu sehen war. Für mich sah es aus wie ein Rorschachtest: eine große, schwarz-weiß-graue Masse. Der Arzt drehte sich zu dem Monitor um und deutete darauf. »Das ist Ihr Gehirn«, sagte er sachlich. Ich rückte meinen Stuhl zurecht, um besser sehen zu können, und Paula stand auf und stellte sich hinter mich. Ich hatte keine Ahnung, was ich da sah. Er deutete auf eine weiße Masse vor grauem Hintergrund. Für mich sah es aus wie ein Bild im Wetterbericht, ein Hurrikan auf dem Doppler-Radar. Der Hurrikan in meinem Kopf sei ein Tumor, sagte er. Das war deutlich genug, dennoch hatte ich tausend Fragen. Der Lehrer in mir gewann die Oberhand.

»Und was heißt das?«, fragte ich. »Ist er gutartig?« Man kann's ja mal versuchen.

Dr. Damski legte sein Clipboard und seinen Stift weg und sah mir fest in die Augen. Dabei rutschte er unruhig auf seinem Stuhl hin und her. »Es gibt keine gutartigen Gehirntumore«, sagte er.

»Ist es Krebs?«

»Ja, es ist Krebs.«

Er hätte mir ebenso gut direkt in den Solarplexus hauen können. Ich bekam keine Luft mehr, fühlte mich wie ausgehöhlt. Als er den Schrecken in meinem Gesicht sah, versuchte er, seinen Schlag ein wenig abzumildern. »Aber wir wissen noch nicht viel, David«, erläuterte er. »Wir brauchen eine Biopsie.«

»Wozu?«, fragte ich ihn. Er hatte doch schon gesagt, dass es Krebs war.

»Wir brauchen mehr Informationen«, erwiderte er. »Wir müssen wissen, wie schnell er wächst. Vielleicht ist er ja schon seit zwanzig Jahren da und wächst sehr langsam.«

Okay, dachte ich. Mit einer Biopsie würde ich klarkommen. Ich wusste noch nicht, dass sie mir einen Teil meiner Schädeldecke wegschneiden würden.

»Kann das warten bis zu den Sommerferien?«, fragte ich.

Er verzog den Mund, wie ich es manchmal tat, wenn einer meiner Schüler eine besonders naive Frage stellte.

»Nein, das dauert zu lange«, sagte er.

»Okay, wie sieht es mit den Weihnachtsferien aus? Die sind in einem Monat.«

»Ehrlich gesagt, bin ich nicht sicher, ob Sie so lange durchhalten«, sagte er.

Ich zuckte zurück, als hätte er mir jetzt ins Gesicht geschlagen. Und die Schläge gingen weiter. Ohne Behandlung, sagte Dr. Damski, hätte ich eine Lebenserwartung von etwa zwei Monaten. Ich sah mich in seinem Sprechzimmer um. Die Wände waren in der Farbe von Krankenhauskitteln gestrichen, nur gedämpfter, und als Kunstwerk hing ein Poster mit einer Darstellung von Gehirn und Rückenmark an der einen Wand. Ein Untersuchungstisch aus Edelstahl, mit frischem weißen Papier belegt, stand in der Ecke. Es war alles so kalt und klinisch. Sollte man nicht wenigstens in angenehmer Umgebung gesagt kriegen, dass man demnächst sterben muss? »Wie lange bleibe ich noch ich selbst?«, fragte ich. Aber ich wusste die Antwort schon. Diese Zeit war schon vorbei.

Paula blieb stoisch neben mir stehen, während ich mich praktisch auflöste. Ich entschuldigte mich und lief hinaus auf den Parkplatz, um meinen Bruder anzurufen. Jacques war acht Jahre älter als ich, freier Lektor und Journalist. So hektisch sein Leben auch war, für mich war er immer da. Jacques war mein Fels in der Brandung. Als ich seine Stimme hörte, brach ich zusammen. Ich konnte gerade noch ein paar Worte herauswürgen: »Gehirntumor …, unheilbar …, nur noch ein paar Monate zu leben!« Ich war vierunddreißig Jahre alt, verdammt! Ich liebte meinen Job. Ich liebte meine Frau. Ich liebte mein Leben. Das klingt vielleicht alles wie ein Klischee, aber wenn man sein Todesurteil zu hören bekommt, denkt man: *Wie kann das sein?*

Wann wache ich aus diesem schrecklichen Alptraum auf?

Und das war es auch, was ich unter Schluchzen zu Jacques sagte. *Wie kann das passieren? Ich habe mir immer Mühe gegeben, ein guter Mensch zu sein. Ich habe versucht, möglichst viel richtig zu machen. Habe ich mir den Kopf angeschlagen? Habe ich was Falsches gegessen?*

»David«, sagte er schließlich. »Du wirst stärker sein müssen als im Moment.« Das war mein Bruder. Kopf hoch, stark sein, tapfer sein. Ich wollte gern so sein, um seinetwillen. Für Jacques, für Paula, für meine Schüler. Ich wollte nicht schwach, machtlos, ohne Kontrolle sein. Ich atmete einmal, zweimal tief durch, und dann kamen von irgendwoher Worte, die ich nie erwartet hätte, aus meinem Mund.

»Keine Sorge, ich hab das drauf«, sagte ich. Es war seltsam, diese Worte zu hören. Aber noch seltsamer war zu wissen, dass es tatsächlich stimmte.

2

Nachdem wir uns richtig ausgeheult hatten, fuhren Paula und ich am Vorabend von Thanksgiving zu meinen Eltern. Was für einen Unterschied so eine tödliche Diagnose doch ausmacht. Bis dahin hatte ich Thanksgiving immer kaum erwarten können. Es war mein Lieblingsfeiertag und der einzige, bei dem Mom alle Register zog, das gute Silberbesteck und das feine Porzellan herausholte, sogar die Kristallgläser, die beim Anstoßen so schön klangen. Alle von meiner engeren Familie würden da sein: Mom und Dad, Jacques, seine Frau Tal und ihre Söhne Emanuel und Noah und mein ältester Bruder Maurice mit seiner Frau Michelle und ihren Söhnen Jacques und Zach. In unserer Familie ist seit mehr als dreißig Jahren kein Mädchen mehr geboren worden. Es dauerte immer lange, die Tische aufzustellen, die vom Esszimmer ins Wohnzimmer reichten, damit alle Platz hatten. Und es wurde immer richtig schön. Wie immer kamen gegen fünf Uhr am Nachmittag die Leute allmählich an, und Jacques und ich spielten Barkeeper, während alle dasaßen und sich vor dem Abendessen die Neuigkeiten erzählten. Gegen sieben Uhr gingen wir dann zum Hauptprogamm über, indem immer ein riesiger Truthahn die wichtigste Rolle spielte, mit von allem, was dazugehörte.

Die Fahrt von Miami zum Haus meiner Eltern in Pembroke Pines, einer Wohngegend mit pastellfarbenen Häusern, dauerte etwa vierzig Minuten. Paula lernte gerade Autofahren und durfte mit Begleitung hinters Steuer, und sosehr sie immer versuchte, sich davor zu drücken, diesmal bot sie mir an zu fahren, und ich war froh darüber. Ich hatte beschlossen, stark zu sein, wenn ich meinen Eltern von dem Tumor erzählte. Dennoch graute mir vor dem Gespräch, und ich versuchte, mich darauf vorzubereiten. Ich wusste, Mom würde zusammenbrechen, und das Letzte, was ich wollte, war, ihr den schönsten Tag des Jahres zu versauen.

Jacques und seine Familie waren schon da, als Paula und ich ankamen. Sie waren ein paar Stunden zuvor von New York hergeflogen. Wir saßen alle im Wohnzimmer, und ich dachte mir, dieser Moment wäre so gut wie jeder andere, um meinen Eltern zu sagen, was los war. Bis die anderen Gäste kamen, würde es noch ein paar Stunden dauern, so dass wir alle ein bisschen Zeit haben würden, uns zu erholen. Ich achtete sehr auf meine Körpersprache, weil ich möglichst viel Selbstvertrauen vermitteln wollte. Zurücklehnen, ein Bein über das andere. Die Arme nicht verschränken. Entspannter Blick. Meine Eltern saßen auf dem kleinen Sofa mir gegenüber. Sie würden demnächst ihren siebenundvierzigsten Hochzeitstag feiern und saßen immer noch so dicht nebeneinander!

»Übrigens«, sagte ich so lässig, als würde ich über das lokale Wetter sprechen, »habe ich die Ergebnisse des MRT von Dr. Damski bekommen.«

Das Gesicht meiner Mutter erstarrte.

Tal, die spürte, dass es jetzt ernst wurde oder schon von Jacques informiert worden war, stand auf und holte die Jungs. Im ersten Moment dachte ich, mit ihren acht und elf Jahren wären sie zu jung, um zu hören, was ich zu sagen hatte. Aber andererseits war die Gegenwart meiner Neffen ein Grund mehr für mich, einen klaren Kopf zu bewahren und den anderen Sicherheit zu vermitteln.

»Und was hat er gesagt?«, fragte meine Mutter.

Ich sah die Angst in ihren Augen und hätte am liebsten losgeheult. Aber das hätte genau das Gegenteil von dem bewirkt, was ich vorhatte. Stattdessen sprach ich nach, was der Arzt mir gesagt hatte, in demselben medizinischen Jargon, den ich nicht verstanden hatte, später aber auf Wikipedia nachgelesen hatte: »Das Glioblastom (auch Glioblastoma multiforme) ist der häufigste bösartige hirneigene Tumor bei Erwachsenen. Das Glioblastom weist feingewebliche Ähnlichkeiten mit den Gliazellen des Gehirns auf und wird aufgrund der sehr schlechten Prognose nach der WHO-Klassifikation der Tumore des zentralen Nervensystems als Grad IV eingestuft. Die Behandlung besteht in operativer Reduktion der Tumormasse, Bestrahlung und Chemotherapie.« Den nachfolgenden Teil ließ ich aus: »Eine endgültige Heilung kann derzeit nicht erreicht werden. Die mittlere Überlebenszeit liegt in der Größenordnung von Monaten, manche Erkrankte überleben länger, nur wenige jedoch mehrere Jahre.«

Meine Mutter brach in Tränen aus – die Sorte Tränen, die für einen Kummer reserviert sind, der vollkommen handlungsunfähig macht. Das machte mir Angst, und sie tat mir so leid. »Mom«, sagte ich, um sie ein wenig aufzubauen, »ich liebe dich, aber du musst dich jetzt beruhigen. Ich werde wieder gesund. Alles wird gut.«

»Was hat das alles zu bedeuten?«, fragte sie zwischen einzelnen Schluchzern. Ich sah Paula an, die neben mir saß, in der Hoffnung, sie hätte vielleicht eine Antwort parat, aber sie sagte nichts. Also beschloss ich, ihnen zu zeigen, was mir fehlte, so wie es der Arzt getan hatte. Ich legte meine Fäuste aneinander. »Das ist so etwa die Größe eures Gehirns«, sagte ich. Dann öffnete ich die rechte Hand. »Diese Hand ist der gesunde Teil meines Gehirns, der von dem wachsenden Tumor gegen die Schädeldecke gedrückt wird.«

Jetzt meldete sich mein elfjähriger Neffe Emanuel zu Wort. »Wie hast du das gekriegt?«, fragte er. Gute Frage, dachte ich. »Ich weiß es, ehrlich gesagt, nicht«, antwortete ich. »Manche Leute kriegen so was einfach. Es ist sehr selten, und meistens erwischt es kleine Kinder oder sehr alte Leute. Tatsächlich ist es gut, wenn jemand wie ich diesen Tumor bekommt. Ich bin ansonsten gesund und kräftig und habe deshalb gute Chancen, damit fertig zu werden.« Das klang selbst in meinen eigenen Ohren überzeugend.

Mein Vater ist Künstler und sehr empfindsam. Er kann sich mit Farben wunderbar ausdrücken, aber es fällt ihm schwer, seine Gefühle in Worten auszudrücken. Seine Art, mit der Neuigkeit umzugehen, war Leugnung. »Okay«, sagte er schließlich in seiner typischen Kürze. »Du schaffst das. Du wirst wieder gesund.« Mission erfüllt. Dann wechselte er das Thema und erzählte von einem Freund, der an Epilepsie litt. Die hatte ich immerhin nicht. Und wir plauderten weiter, als wären wir immer noch die gleiche Familie wie vor dem Einbruch des Wortes Krebs.

Später, als die anderen kamen, Tanten und Onkel und Cousinen und Cousins und alte Freunde der Familie, versuchte ich mich zu benehmen wie der alte David. Sorglos, immer für einen Spaß zu haben. Soweit ich wusste, hatten sie alle noch nichts von meiner Krankheit erfahren, und das würde es mir leichter machen, für den Rest des Tages nicht mehr daran zu denken.

Aber ich irrte mich. Während Jacques und ich Drinks mixten und Wein einschenkten, kam mein Cousin Danny zu mir herüber. »Ich hab gehört, du bist krank«, sagte er. Ich hielt die Luft an, fiel dann aber sofort wieder in die Rolle, die ich für meine Eltern geprobt hatte. »Ach so, ja, sie wollen sich da was in meinem Kopf genauer ansehen«, sagte ich und versuchte, so locker wie möglich zu klingen. »Hast du Krebs?«, fragte er. Ich seufzte und versuchte immer noch, lässig zu klingen. »Bis jetzt haben wir noch nicht einmal eine Biopsie gemacht. Wir wissen eigentlich noch gar nichts.« Ja, ich versuchte ihn abzuwimmeln, aber Danny war hartnäckig. »Was für ein Krebs ist es?«, fragte er. Ich hatte die letzte Nacht damit zugebracht, die Papiere zu studieren, die mir der Arzt gegeben hatte, und jetzt sagte ich das Gelesene auf, in Begriffen, die Danny gar nicht verstehen konnte, ebenso wenig wie ich, als ich sie zum ersten Mal gehört hatte. »Ich habe ein multiformes Glioblastom«, sagte ich. »Dreiundvierzig Millimeter Durchmesser.« Danny starrte mich ratlos an, also versuchte ich es noch einmal. »Es ist ein Tumor in meinem rechten Stirnlappen, ungefähr so groß wie ein Golfball«, erklärte ich.

»Und wie fühlst du dich?«, fragte er.

Ich weiß nicht, was mich ritt, dass ich in diesem Moment losließ, aber alles, was ich die ganze Zeit unter Verschluss gehalten hatte, kam jetzt wie in einem Schwall heraus. Ich beschrieb ihm das schmerzhafte Kribbeln auf der linken Körperseite und die Anfälle, die mich fertig machten. »Es passiert mindestens fünfmal am Tag«, sagte ich. »Und es fühlt sich jedes Mal an wie ein Elektroschock.« Dann schaute ich ihn wieder an, und diesmal sah ich die Tränen in seinen Augen. »Es tut mir so leid«, sagte er. »Das ist ja schrecklich. Es tut mir so, so leid.« Er sagte es immer wieder. Ich antwortete ihm, es täte mir auch leid. Es tat mir einfach leid, dass ich angefangen hatte, darüber zu reden, und ihm damit sein Thanksgiving versaut hatte.

In diesem Augenblick machte ich mir innerlich eine Notiz: *Mach das nicht noch mal. Es ist gemein, anderen Leuten die Wahrheit über deinen Krebs zu erzählen. Die Leute brauchen etwas, was ihnen den Rückzug offenlässt. Sie können ja ohnehin nichts tun. Also sag ihnen: Mir geht es gut. Dann sind sie beruhigt.*

Als ich die Reaktion meines Cousins sah, begriff ich, dass die Leute sich zurückziehen und nicht mehr über ihre eigenen Probleme mit mir reden würden, wenn ich ihnen zu viel erzählte. Sie würden Angst haben, mich zu sehr zu belasten. Und das war das Letzte, was ich wollte. Ich wusste, der Krebs würde mich verändern, aber ich würde nicht zulassen, dass er mir die Eigenschaften raubte, die ich am meisten an mir schätzte, und das waren in erster Linie Optimismus und Empathie. Ich hatte immer andere Menschen ermutigt und ihnen geholfen. Und ich hatte mich nur selten selbst bemitleidet oder um Hilfe gebeten.

Und so rutschte ich in die Rolle, die ich in den nächsten sechs Jahren spielen würde.

Wie geht es dir?

Kann mich nicht beklagen, gut. Und dir?

Ich wuchs immer mehr in diese Rolle hinein, bis ich sie mir schließlich selbst glaubte.

An diesem Abend bestand ich darauf, von meinen Eltern nach Hause zu fahren. Es sollte sich herausstellen, dass es eine der letzten Gelegenheiten war, bei denen ich meinen geliebten Mustang fuhr, bevor wir uns etwas Vernünftigeres anschafften – ein Auto, das in meinen Augen aussah wie ein überdimensionierter

Toaster, mit dem sich Paula aber sicher fühlte. Dreizehn Jahre lang hatte ich sie überallhin gefahren: zum Supermarkt, zum Arzt, zum Schuhekaufen. Jetzt sprach sie davon, endlich den Führerschein zu machen. Welch eine Ironie. Sie begriff, dass man sich auf mich nicht mehr verlassen konnte. Wahrscheinlich würde ich tot sein, bevor sie lernte, rückwärts einzuparken.

Gegen Mitternacht bog ich in unsere Einfahrt ein. Paula ging sofort ins Bett, aber ich konnte nicht schlafen und beschloss, aufzustehen und meine Unterrichtsstunden für den folgenden Montag vorzubereiten. Als ich mich an den Schreibtisch setzte, durchfuhr es mich wie ein Blitz. *Meine Schüler!, dachte ich. Ich werde mir für die Biopsie freinehmen müssen. Ich habe mir noch nie freigenommen, sie werden wissen wollen, was los ist. Um Himmels willen, was soll ich ihnen denn sagen? Was kann ich ihnen sagen?*

Jede freie Minute an diesem Wochenende brachte ich damit zu, meine Ansprache vorzubereiten, so lange, bis sie sich richtig anfühlte. Ich machte mir immer wieder Notizen, schrieb den Text neu und übte vor dem Spiegel, um sicherzugehen, dass mein Gesichtsausdruck zur Botschaft passte, die ich rüberbringen wollte. Am Sonntag gegen Mitternacht war ich fertig.

3

Ich war bereit – sogar die Art, wie ich zu meinem Klassenzimmer ging, war sorgfältig einstudiert. Jeder meiner Schritte musste sich richtig anfühlen, kontrolliert und voller Selbstvertrauen. Während ich am Wochenende mein »Ich habe einen Gehirntumor«-Stück geprobt hatte, war mir klargeworden, dass ich ein Hilfsmittel brauchte – mehr für die Kids als für mich. Ich dachte, das würde sie von der bitteren Wahrheit meiner Diagnose ablenken. Teenager sind sensibel (das ist noch untertrieben, ich weiß), und für viele meiner Schüler würde das die erste Bekanntschaft mit einer schweren Krankheit sein. Ich musste die Sache also richtig anpacken. Ich musste so von meiner Krankheit sprechen, dass ich ihnen keine Angst machte oder sie verschreckte. (Sie wären verblüfft, wie viele Menschen glauben, Krebs sei ansteckend.)

Meinen Krebs konnte man nicht geheim halten. Soweit ich einschätzen konnte, was mir bevorstand, durfte ich froh sein, wenn mir überhaupt noch etwas bevorstand, und die Folgen von Operationen, Chemotherapie und Bestrahlung würden ohnehin offensichtlich sein. Außerdem wollte ich den Kids auch gar nichts verheimlichen. Ich war ein glühender Verfechter der Wahrheit, selbst wenn die Wahrheit beängstigend war oder unangenehme Folgen hatte. Über viele Jahre hinweg hatte ich gelernt, dass Authentizität im

Klassenzimmer sehr wertvoll war. Ich hatte gesehen, wie die Schüler dadurch ein Gefühl von Befreiung erlebten. In jedem Semester gab es einen Jungen oder ein Mädchen, das nach einer unserer regelmäßigen Diskussionen über Ehrlichkeit und Zu-sich-selbst-Stehen vor der Klasse die Wahrheit über sich selbst offenbarte. Sie erzählten davon, dass sie sich ritzten oder verbrannten, und eine ganze Reihe anderer persönlicher, schmerzhafter Wahrheiten. Und niemals hatte ich erlebt, dass ihnen das zum Nachteil gereicht hätte. Ich wusste, wie schwierig das für sie sein musste und wie tapfer sie waren, als sie es taten. Und ich hatte gesehen, wie es ihr Leben veränderte, wenn ihre Mitschüler und ich sie so annahmen, wie sie wirklich waren. Ich sah, wie sie aufblühten, wenn ihnen die Last ihres Geheimnisses von den Schultern genommen war, und wie sie ebenso wie ihre Mitschüler etwas Wichtiges lernten: Mit dem Vertrauen kommt der Respekt.

Ich wollte, dass meine Schüler wussten: Ich vertraute ihnen so sehr, dass ich selbst den heiligsten Weg unseres Lebens mit ihnen teilte, das Sterben. Ich musste es nur so anfangen, dass sie sich dabei sicher fühlten. »Tue, was du lehrst«, sagte ich mir. »Die Kids haben es verdient, davon zu erfahren. Sie müssen das mit dir durchstehen, also sorge dafür, dass sie das können.« Ich beschloss, einen Stoffpinguin mit einem Hut aus Dreadlocks mitzunehmen, in der Hoffnung, dass er meiner Offenbarung etwas mehr Leichtigkeit verleihen könnte. Keine Ahnung, woher dieser Pinguin kam, ich muss ihn mal von einem Schüler geschenkt bekommen haben. Ich war einfach froh, dass er mir an diesem Wochenende zu Hause in die Hände fiel. Ich nannte ihn »Winslow«, der Name fiel mir einfach so ein.

Montag. Ein herrlicher Tag, wie auf einer Aquarell-Postkarte von Miami. Ich ging in meine Klasse, ein Lächeln im Gesicht und Winslow im Arm. »Guten Morgen!«, sagte ich. »Wie geht's euch heute?« Ich zog den Hocker hinter meinem Schreibtisch hervor und setzte Winslow darauf. Dann stellte ich mich einen Schritt neben den Hocker und Winslow. »Ich muss euch etwas erzählen«, begann ich. »Rückt mal mit euren Stühlen etwas näher.« Die Kids kicherten und schauten sich an, als wäre ich jetzt endgültig gaga. »Okay, was ist los?«, fragten sie. »Was für ein Spiel soll das werden, Menasche?« Ich kicherte auch.

Als alle wieder saßen, schaute ich Winslow an und begann zu sprechen. »Ich habe dir schon erzählt, dass ich mich nicht so toll fühle«, sagte ich und klang fröhlich dabei. Winslow nickte. »Erinnerst du dich, dass ich dieses Klingeln im Ohr hatte?«, fragte ich ihn. »Also, die gute Nachricht ist, mit meinem Ohr ist alles in Ordnung.« Ich straffte mich und fuhr fort. »Aber dann haben wir weitere Untersuchungen gemacht, und die haben ergeben, dass ich einen Tumor im Gehirn habe.« Ich sah die Klasse an. Die Jugendlichen, die einen Augenblick zuvor noch gelacht und Witze gemacht hatten, waren jetzt ganz ernst und still. »Was ist ein Tumor?«, fragte jemand. »Ein Tumor ist etwas, was wächst«, antwortete ich. Das plötzliche Schweigen im Raum verwirrte mich. Hier war sonst immer das aufgeregte Geräusch zu hören, wenn Schüler lernten und das Gelernte miteinander teilten. Der Raum summte förmlich davon. Eine Schülerin sagte: »Mein Onkel hatte Krebs und ist daran gestorben.« Dann brach sie in Tränen aus. »Werden Sie auch sterben?«, fragte jemand. »Irgendwann«, sagte ich. »Nicht jetzt.«

Ich konnte sehen, wie schwer sie die Nachricht nahmen. Ich dachte an meinen Cousin Danny und wusste, ich musste das schnell auffangen. »Hey«, sagte ich. »Kein Grund zur Aufregung. Ich habe ein tolles Leben. Jeder hat sein Päckchen zu tragen, und das ist eben meines.« Ich setzte Winslow an die Seite und erklärte meinen Schülern aufmunternd, dass ich nicht verschwinden würde und dass sie mich so leicht nicht loswürden. Oh nein.

Und dann wiederholte ich mein neues Mantra.

»Keine Sorge!«, sagte ich. »Ich hab das drauf.«

*

Ich saß in diesem Klassenzimmer, in der ersten Reihe, wie immer. Mr. Menasche kam mit Winslow herein. Erst habe ich nicht so richtig verstanden, was los war. Aber dann hat er angefangen zu reden. Am Anfang klang es, als wollte er uns eine Geschichte erzählen, so wie er seinen Unterricht immer begann. Aber dann hörte ich was von einem Tumor. Krebs. Ich war total geschockt und habe angefangen zu weinen. Ich dachte, morgen ist er nicht mehr da. Ich kam mir so hilflos und allein vor. Das war schlimm für mich, aber auch für all die Schüler, die nie die Chance haben würden, ihn als Lehrer zu erleben.

Er war einer dieser Lehrer, die man nur einmal im Leben hat. Ein Lehrer, der einem Sachen beibringt, an die man sich noch lange erinnert, nachdem man aus der Schule raus ist. Er hat uns mit Respekt behandelt, und wir ihn. Ich meine, hey, er hat uns gesagt, wir könnten uns im Unterricht Briefchen schreiben. »Ich bin Englischlehrer, da werde ich euch doch nicht verbieten, zu lesen und zu schreiben!«, hat er gesagt. Aber sein Un-

terricht war so spannend, dass man meistens gar nicht daran dachte, Briefchen zu schreiben. Man wollte alles mitkriegen, daran teilhaben, so viel wie möglich lernen.

Ich konnte den Gedanken fast nicht ertragen, dass er weg sein würde. Oder noch schlimmer, dass er jahrelang leiden müsste. Ich wusste damals nicht, was ich sagen oder tun sollte. Ich konnte nur heulen. Dann sagte er etwas, was ich nie vergessen werde: »Keine Sorge, ich hab das drauf.« Nie in meinem Leben bin ich so stolz auf irgendjemanden gewesen. Mein Herz war ganz voll, als ich rausging. Und ich hab gelächelt.

Gyzelle Rodriguez, Coral Reef Senior High School, Jahrgang 2008

4

Die Romanautorin Alice Sebold hat einmal geschrieben: »Manchmal werden Träume wahr, von denen wir gar nicht wussten, dass wir sie hatten.« Ich zum Beispiel bin dazu geboren, Lehrer zu sein. Ich wusste aber nichts davon, bevor ich das College zur Hälfte hinter mir hatte. Ich kam darauf, während ich Journalismus studierte am Eugene Lang College an der New School for Social Research in Greenwich Village. In New York. Die New School war vom *Princeton Review* zum besten College des Landes ernannt worden, wenn es um die Förderung von Debatten und Diskussionen ging. Das war genau mein Ding. Das Einzige, was ich noch mehr liebte als einen guten intellektuellen Diskurs, waren Worte. Ich dachte, ich würde vielleicht das Schreiben zu meinem Beruf machen. Aber ein Plan ist immer nur so gut wie die letzte Erfahrung, und es dauerte nicht lange, bis ich auf den Gedanken kam, ich wäre vielleicht auf dem falschen beruflichen Weg. Ich versuchte für den nächsten Sommer ein Praktikum bei der Zeitschrift SPIN zu bekommen, damals eine der gefragtesten Musikzeitschriften überhaupt, und die Herausgeber gaben mir einen Stapel neue CDs, die ich bis zum folgenden Morgen rezensieren sollte. Ich hörte mir die CDs an, setzte mich an die Tastatur – und erstarrte. Wie konnte ich die Arbeit der Red Hot Chili Peppers kritisieren, eine meiner Lieblingsbands? Was, wenn ich mich irrte? Was, wenn die Band anrief und sich beschwerte? Ich schrieb und löschte – die ganze Nacht. Als ich am nächsten Morgen den Artikel abgab, nach einer schlaflosen Nacht, mit schmerzenden Schultern vom stundenlangen verkrampften Sitzen, dachte ich mir: *Bist du sicher, dass du das willst?* Und die Antwort war ein lautes *Auf keinen Fall! Mit dieser Art von Stress bin ich mit einundzwanzig ein toter Mann.*

Ich bekam die Praktikumsstelle. Einige meiner Kommilitonen hätten ihr erstes Auto verkauft, um ein Praktikum bei SPIN zu machen, aber für mich fühlte es sich komisch an. »Wie soll ich das machen?«, fragte ich mich. »Ich bin für diese Deadlines nicht gemacht. Ich werde ständig Schreibblockaden haben und Nervenzusammenbrüche. Ich werde nie mehr ein Auge zutun!« Optimistisch, wie ich war, dachte ich an einen Satz von einem meiner Lieblingsautoren, Jack Kerouac, aus seinem Buch *Unterwegs.* Da heißt es ungefähr: »Warum willst du daran denken, wenn doch all die goldenen Länder vor dir liegen und alle möglichen unvorhergesehenen Ereignisse nur darauf warten, dich zu überraschen und froh zu machen, dass du lebst und sie sehen kannst?«

Das unvorhergesehene Ereignis in meiner unmittelbaren Zukunft war, dass ich nicht genug Geld für das nächste Semester hatte und meine Eltern auch nicht. Ich musste das Praktikum also absagen. Es machte mir nicht besonders viel aus.

Und so wurde ein Traum wahr, von dem ich nichts gewusst hatte. Ich ließ mich ein Semester beurlauben und arbeitete monatelang Doppelschicht in einem City-Restaurant als Tischabräumer, damit ich genug Geld hatte, um meine Ausbildung zu bezahlen. Dann ging ich zurück zur New School, um weiterzustudieren.

Und als das Semester halb um war, überzeugte mich einer meiner Professoren davon, dass ich mich für das Programm »Unterricht und Schreiben« einschreiben sollte. Es ging darum, aufstrebende Schreiber für eine Woche an öffentliche Schulen in New York zu schicken, damit sie dort unterrichteten. Ich bekam eine Gruppe eifriger Erstklässler im Staat New York. Die kleine Dorfschule mit dem zugefrorenen Teich in der Mitte des Schulhofs verzauberte einen Jungen aus Miami wie mich. Und an diesem allerersten Tag beschloss ich, dass ich die Kinder nicht nach irgendwelchen Schulbüchern unterrichten würde. Stattdessen las ich ihnen aus Walt Whitmans Gedichtzyklus *Grashalme* vor: »Ich sitze da und schaue auf all den Kummer in der Welt, auf all die Unterdrückung und Schande.« Und ich fühlte mich unwillkürlich lebhaft und voller Energie; diese Wirkung hat Whitman immer auf mich.

Ich schaute meine sechs Jahre alten Schüler an, die nach Art der Indianer auf dem Boden vor mir saßen, und sah das Staunen in ihren Augen. Die Hände schossen hoch, noch bevor ich mit Lesen fertig war. Sie hatte jede Menge Fragen. »Wartet einen Moment, bis ich fertig bin, dann reden wir darüber, okay?«, sagte ich. »Okay!«, schrien sie wie aus einem Mund. Am Ende schossen die Hände wieder hoch. Ich beantwortete einige ihrer Fragen; dann kam mir eine Idee. »Wisst ihr was«, sagte ich. »Ich finde, wir gehen jetzt raus und schreiben unsere eigenen Gedichte.« Die Kinder quietschten vor Vergnügen. Ich sammelte sie ein und marschierte mit ihnen nach draußen, als hätte ich eine Herde Entchen vor mir. Dann gab ich jedem einen kleinen Stapel gelbe Post-its und drei Stifte und forderte sie auf, Dinge aufzuschreiben, die sie beobachteten – immer eine Sache pro Zettel. Die Kinder liefen herum und schauten alles an, und wie Whitman, so dachte ich, waren sie voll Begeisterung für ihre Umgebung. Sie schrieben Worte wie »Stein«, »Blatt«, »Fußabdruck« oder »Schneeflocke«.

Als ich sah, dass einer meiner jungen Enten der Schnodder auf der Oberlippe festfror und dass zwei andere erbärmlich zitterten, brachte ich sie alle wieder ins Haus und bat sie, ihre Notizen auf den Tisch zu kleben und so lange herumzuschieben, bis ihnen die Anordnung gefiel. Fertig war das Gedicht! Die Kinder sprangen auf mit einem Gefühl von Erfüllung und Freude. Das war es! Es gab für mich kein Zurück mehr. In diesem Augenblick wusste ich, ich wollte Lehrer werden.

Der Traum, von dem ich nichts gewusst hatte, stand kurz davor, wahr zu werden.

*

Er hat mir nicht einfach nur beigebracht, was ich lernen sollte. Er hat mir beigebracht, wie man lernt und wie man es mit Liebe tut.

Adrianna Angulo, Coral Reef Senior High School, Jahrgang 2008

5

Meine Frau Paula lernte ich an der New School kennen, sie besuchte wie ich den Philosophiekurs. Sie sah aus wie das klassische amerikanische Mädchen, mit aschblondem Haar, blasser Haut und den traurigsten blaugrünen Augen, die ich je gesehen hatte. Mit einer kleinen Ausnahme: dem Nasenring und der schwarzen Lederjacke, auf deren Rücken der Name einer alternativen Rockband, Sonic Youth, gesprayt war. Paula war die klügste Studentin in dem Kurs, der klügste Mensch, den ich je gesehen hatte. Für mich ist ja das Gehirn eine einzige erogene Zone – Ironie des Schicksals! –, und sie hatte ein großes (einige Jahre später würde sie einen beeindruckenden Durchmarsch bei der Quizshow *Jeopardy* hinlegen). Auf jeden Fall hatte sie im Philosophiekurs immer etwas Kluges zu sagen, und ich war beeindruckt von ihrem Intellekt – und ihrer Jacke.

Ich erinnere mich, wie mir zum ersten Mal klarwurde, dass ich sie gern auch außerhalb des Kurses treffen wollte. Sie saßen dort zu zehnt oder zwölft um einen runden Tisch, und der Professor begann eine Diskussion über das sogenannte Höhlengleichnis des griechischen Philosophen Platon aus seinem Werk *Politeia.* Die Geschichte ist ein fiktiver Dialog zwischen Platons Lehrer Sokrates und seinem Bruder Glaukon, eine komplexe, vielschichtige Metapher, die die Art und

Weise widerspiegelt, wie wir glauben die Realität wahrzunehmen. Dieser komplexe philosophische Text stand auf unserer Lektüreliste, wir waren also darauf vorbereitet, ihn im Kurs zu diskutieren. Aber als der Professor um Wortmeldungen bat, wurde aus den recht oberflächlich formulierten Beiträgen schnell deutlich, dass keiner von uns den Text so richtig gelesen hatte. Außer Paula. Sie hatte ihn nicht nur gelesen, sie hatte ihn studiert, zerlegt und analysiert und kam mit erstaunlichen Fragen und Argumenten in den Kurs. Es war offensichtlich, dass sie Platons Theorie wirklich verstehen wollte. Damit war es um mich geschehen, ich war vollkommen hin und weg.

Als der Kurs an diesem Tag zu Ende war, nahm ich all meinen Mut zusammen und ging auf Paula zu, um sie um eine Verabredung zu bitten. Ich erzählte ihr, ein paar von uns würden ins East Village in die 7B Bar gehen (sie ist nach der Straßenecke benannt, an der sie liegt). »Ich würde mich wirklich freuen, wenn du mitkämst«, sagte ich. Und zu meiner Überraschung und Begeisterung sagte sie zu. Es wurde ein toller Abend mit Musik und geistvollen Diskussionen, angefeuert von endlos vielen Flaschen Rolling-Rock-Bier. Wir saßen an meinem Lieblingstisch an einem großen Fenster, das auf die 7th Street hinausging. Paula saß mir gegenüber. Gegen Ende des Abends beugte sich mein Freund Greg zu mir herüber und flüsterte mir zu, ich sollte es mal bei ihr versuchen. Sie hörte ihn und lächelte. Ich nahm das als gutes Vorzeichen.

Als wir alle das 7B verließen, bot ich Paula an, sie zu ihrem Studentenwohnheim Loeb Hall in der 12th Street zu begleiten. Wir wollten beide nicht, dass der Abend schon endete, also machten wir am Union Square Park, der am Weg lag, noch einmal halt. Paula war schon damals ein Geschichtsfreak, und wir spazierten durch den Park und bewunderten die Statuen von George Washington, Abraham Lincoln und dem Marquis de Lafayette. An der James Fountain küssten wir uns zum ersten Mal. Paula sagte, ihre Zimmergenossin hätte etwas gegen Besucher, also schlug ich vor, wir könnten bei mir weiterreden. Meine Zimmergenossen Colin und Charlie hatten gegen Besuch nichts einzuwenden. Zu meinem Glück nahm Paula meine Einladung an. Nicht lange danach zogen wir zusammen.

Paula hatte auch an dem Programm »Lehren und Schreiben« teilgenommen und wie ich durch diese Erfahrung eine tiefgreifende Veränderung durchgemacht. Nach zwei weiteren Semestern an der New School beschlossen wir, gemeinsam an ein College zu wechseln, das Lehrer ausbildete. Unsere Wahl fiel auf meine Heimatstadt Miami. Den ersten Monat lebten wir bei meinen Eltern, dann zogen wir in eine eigene Wohnung in North Miami Beach. Für Paula bedeutete Miami eine große Veränderung, die Stadt war für sie ein Kulturschock. Sie war schon vorher ein paarmal mit mir dort gewesen, einmal während des Hurrikans Andrew, aber das waren alles nur kurze Besuche gewesen. Paula kam ursprünglich aus Vermont, wo alles grün ist, wo die Menschen weit verstreut leben und wo es praktisch keine Kriminalität gibt. Jetzt wohnten wir in einem engen Apartment im Asphaltdschungel eines Stadtviertels, wo man nachts durchaus schon mal Schüsse hören konnte. Aber mehr konnten wir uns nicht leisten.

Nachdem wir uns an der Florida International University eingeschrieben hatten, hatten wir aber ohnehin keine Zeit mehr, mit unserer Umgebung zu hadern. Zwischen unseren Kellnerjobs und den Kursen an der Uni waren wir kaum einmal zu Hause. Das Unterrichtsprogramm war streng, und wir waren ehrgeizig. Es war eine aufregende Zeit. Wir besaßen noch den Idealismus, der so vielen Leuten verlorengeht, sobald sie in der »wirklichen Welt« ankommen. Ich war entschlossen, ihn mir nicht nehmen zu lassen. Nach zwei Semestern waren wir auf der Zielgeraden, wir mussten nur noch ein Praktikum absolvieren. Doch dabei musste ich noch eine harte Lektion lernen: Man muss nicht in jedes Fettnäpfchen treten, das einem im Wege steht.

Der letzte Kurs, den ich noch brauchte, nannte sich Klassenmanagement. Im Grunde genommen ging es darum, wie man Schüler diszipliniert. Paula war auch in dem Kurs. Die Professorin und ich passten so gut zusammen wie Teufel und Weihwasser. In Sachen Disziplin war sie eine Anhängerin Machiavellis und davon überzeugt, Lehrer müssen unbeugsam und autoritär sein sowie Macht über ihre Schüler ausüben, um sie auf Linie zu halten. »Vor Weihnachten sollten Sie die Kinder niemals anlächeln«, sagte sie eines Tages zu uns. »Wenn Sie gleich am Anfang nett sind, bekommen Sie sie niemals unter Kontrolle.« Wie bitte? Ich war noch Student, aber ich konnte mir nicht vorstellen, dass eine dermaßen harte Technik tatsächlich Wirkung zeigen sollte. Bei mir funktionierte so etwas jedenfalls nicht. Das sagte ich ihr. Sie können sich vorstellen, wie die Sache lief. Meine Seite des anschließenden Gesprächs würde ich heute eher als Proklamation einer Haltung denn als Meinungsäußerung bezeichnen.

Und ich muss Ihnen vermutlich auch nicht sagen, dass die Professorin darüber erbost war. »Glauben Sie, es gelingt Ihnen, dass alle Sie zu jeder Zeit lieben?«, knurrte sie. Ich hatte meinen Machiavelli auch studiert und erkannte sein Argument hinter ihren Worten. Machiavelli erklärt seinem Schützling, dem Fürsten, er könne die Liebe anderer Menschen niemals kontrollieren. Ob sie ihn lieben oder nicht, sei immer ihre Sache. Aber er könne entscheiden, ob sie ihn fürchten. So eine Art Lehrer wollte ich nicht sein. »Nein«, sagte ich. »Aber ich glaube, ich kriege es hin, dass sie mich respektieren. Sie werden mich respektieren, weil ich gut vorbereitet bin und weiß, wovon ich spreche. Sie werden mich respektieren, weil ich mich um sie kümmere und mein Bestes gebe, und wenn sie mich respektieren, dann mögen sie mich hoffentlich auch.«

Ein paar Kommilitonen klatschten Beifall, doch bevor ich mir zu dieser kraftvollen Ansprache gratulieren konnte, erstarb der Applaus schon wieder, und ich hörte, wie die Professorin ihren Stuhl bis an die Wand zurückschob. Sie sah mich mit so kalten Augen an, dass ich schon erwartete, sie würden die Farbe wechseln, von Braun auf Blau. Dann zeigte sie auf die Tür. »Raus!«, sagte sie. »Na bravo, Menasche«, sagte ich mir, als ich traurig meinen Hintern aus dem Unterrichtsraum schob. Nur noch dieser eine Kurs hatte mir gefehlt, um mein Praktikum zu beenden, meinen Abschluss zu machen und eine Stelle als Lehrer zu bekommen. Und jetzt hatte ich als letzte Kursnote einen Verweis vom Unterricht. Und was lernte ich daraus? Immer schön dem Lehrer zustimmen! (Sollte ein Witz sein.)

Da ich nicht wusste, wohin ich gehen sollte, aber ziemlich panisch war, besuchte ich eine meiner anderen Professorinnen, Dr. Gail Gregg, die außerdem Leiterin des Englisch-College war. Sie hielt mich für durchaus begabt und hatte Mitleid mit mir, so dass sie mir einen Ausweg aus meinem Dilemma eröffnete: Ich durfte als Ersatzleistung eine Seminararbeit bei ihr schreiben. Das Thema, das sie mir gab, war ziemlich ehrgeizig.

Meine Aufgabe bestand darin, ein vollständiges Lese-Curriculum für gefährdete Jugendliche zu entwerfen. Ich war ihr so dankbar, dass ich mich voll und ganz in dieses Projekt stürzte und am Ende tatsächlich die Bestnote A dafür bekam. Als ich ihr überschwänglich danken wollte, antwortete sie mir, das sei nicht notwendig. »Gehen Sie einfach raus und werden Sie ein guter Lehrer.« Diesen Satz habe ich nie vergessen. Paula blieb im Kurs der anderen Professorin und bekam wegen meiner Unbotmäßigkeit nur ein C. Das einzige C, das sie je hinnehmen musste, und sie hat es mir immer nachgetragen.

Dr. Gregg war auch für die Praktika zuständig und sie sorgte dafür, dass wir beide zusammen an die Coral Gables Senior Highschool kamen, ich im Bereich Englisch, Paula in den Gesellschaftswissenschaften. Nach ein paar Tagen geschah eine fürchterliche Tragödie in der Familie meiner dortigen Mentorin, Mrs. Mahan – ihre Tochter beging Selbstmord –, und sie fühlte sich nicht mehr in der Lage, an die Schule zurückzukehren. Also war ich auf mich allein gestellt.

Die Schüler wussten, dass ich keine Macht über sie hatte. Aber vom ersten Tag an sprach ich sie als Ebenbürtige an und erklärte ihnen ehrlich und voller Mitgefühl, was Mrs. Mahan gerade durchmachte. »Es tut mir leid, dass ihr jetzt mit mir zurechtkommen müsst«, sagte ich ihnen. »Ich habe keine Ahnung, ob ich euch was beibringen kann, aber ich verspreche euch, ich gebe mir alle Mühe.«

Die Klasse war gerade dabei *Die Frau des Feuergottes* von Amy Tan zu lesen, ein Buch, das ich zugegebenermaßen nie gelesen hatte. »Wie gefällt euch das Buch?«, fragte ich. Einige zuckten mit den Schultern, einige verdrehten die Augen, wenigstens einer gähnte. *Nicht gut,* dachte ich. Ich warf einen Blick auf die Leseliste und sah, dass als nächstes Chaucers *Canterbury Tales* darauf standen. »Die fand ich gut, als ich sie in der Highschool gelesen habe«, sagte ich. »Was meint ihr, sollen wir Amy Tan beiseitelegen und mit Chaucer weitermachen? Wenn jemand das Buch trotzdem fertig lesen will, kriegt er dafür Extrapunkte.« Leuchtende Augen, ein paar lächelten sogar. »Ich habe die *Canterbury Tales* seit der Highschool nicht mehr in der Hand gehabt, also seid ein bisschen barmherzig mit mir«, sagte ich. »Ich werde mein Bestes geben.«

An diesem Abend ging ich nach Hause und las nicht nur die *Canterbury Tales* komplett durch, sondern lernte auch die Namen aller Schüler auswendig. Ich hatte ihnen mein Wort gegeben, und ich wollte ihnen zeigen, dass ich mein Versprechen hielt. Ich wollte ihren Respekt gewinnen und mir selbst beweisen, dass mein Lehrerinstinkt in Ordnung war, trotz allem, was die Professorin dachte und sagte, die mich rausgeworfen hatte. Am nächsten Tag war die Atmosphäre im Unterricht ganz anders. Die Schüler, die tags zuvor noch distanziert und gleichgültig gewesen waren, diskutierten jetzt über Chaucer, stellten mir Fragen übers Schreiben und über Literatur und auch über mich. Ich wusste, ich musste noch viel lernen, aber an diesem Tag begriff ich, dass die Macht, die mir als Lehrer zur Verfügung stand, nichts mit meinem Beruf zu tun hatte, sondern mir ausschließlich von den Schülern verliehen wurde.

Ich hätte mir gewünscht, das Praktikum würde niemals enden. Ich hatte meine Schüler gern und freute mich an ihren Leistungen. Dennoch musste ich mir natürlich eine Stelle suchen. Am Ende fand die Stelle mich. Als das Schuljahr um war, fragte mich eine andere Englischlehrerin, die ab Herbst Bereichsleiterin an einer neuen Schule werden sollte, ob ich mitkommen wollte. Paula bekam eine Vollzeitstelle als Geschichtslehrerin an der Coral Park Senior High School in Miami, und im reifen Alter von vierundzwanzig Jahren besiegelte ich mit meiner Unterschrift unter den Arbeitsvertrag mein Schicksal. An einer Schule namens Coral Reef Senior High.

*

Mr. Menasches Klassenzimmer war ein Ort, an dem ich mich sicher fühlte, meine Meinungen und meinen Blick auf die Welt in Worte zu fassen. »Ihr seid keine Kinder mehr, also werde ich euch auch nicht behandeln wie Kinder.« Das war einer der ersten Sätze, die er zu uns sagte. Ich fand es toll, dass er von uns nicht einfach Respekt erwartete, nur weil er der Lehrer war. Seine Schüler respektieren ihn, weil er ihnen, genau wie uns damals, Respekt, Liebe und Großzügigkeit entgegenbringt.

Wenn man eine solche Verbindung zu einem Lehrer hat und ihn so bewundert, dann inspiriert einen das, immer das Beste aus sich herauszuholen.

Jerel Tyrone, Coral Reef Senior High School, Jahrgang 2010

6

Am Morgen vor meinem ersten Unterricht wühlte ich in meinem Schrank und suchte nach etwas, womit ich aussehen würde wie ein Lehrer. Die Auswahl war nicht besonders groß. Das letzte Mal, dass ich mir etwas zum Anziehen gekauft hatte, war vermutlich am Souvenirstand bei einem Rockkonzert gewesen. Paula versuchte mir zu helfen. »Die hier?«, fragte ich und hielt mein bestes Paar Levis hoch. Die waren immerhin sauber. »Hm, nein«, sagte sie. Ich zerrte ein Hemd mit Paisleymuster hervor, das ich vermutlich seit meiner eigenen Highschoolzeit besaß. »Das?«, fragte ich. Paula schüttelte den Kopf. Am Ende entschied ich mich für eine dunkle Khaki-Hose, ein langärmliges Armeehemd mit Button-Down-Kragen, das irgendwann vor relativ kurzer Zeit gebügelt worden war, und meine braunen Doc Marten's. Aber irgendetwas fehlte noch. Eine Krawatte. Ich hatte nur eine. Die hatte ich bei meinem Studentenjob als Kellner in einem Steakrestaurant getragen. Da war sie ja. Sie hatte ein beige-grünes geometrisches Muster und war nicht zu dünn. Ich hatte sie bei einem Straßenhändler auf der 14th Street im East Village gekauft, nachdem ich ihn von fünf auf drei Dollar runtergehandelt hatte. Sie passte nicht perfekt in der Farbe, war aber nah dran. Paula half mir, sie zu binden, und dann war ich abmarschbereit. Ich schaute mich im Spiegel an. »Ich bin

Lehrer!«, sagte ich laut. Ich konnte es kaum erwarten, in die Schule zu kommen.

Ein paar Wochen zuvor war ich schon mal hingegangen, um mir meinen Unterrichtsraum anzusehen. Er war fantastisch: frisch gestrichene Wände, schimmernde Tische, Fenster vom Boden bis zur Decke, die auf einen üppig grünen Hof mit Palmen und Picknicktischen hinausgingen. Die Tische waren in den Schulfarben gestrichen, blaugrün, silbern und schwarz. Ich hängte ein paar Shakespeare-Poster auf und beschloss, die restliche Dekoration meinen Schülern zu überlassen. Sie sollten schließlich das Gefühl haben, dass es ihr Klassenzimmer war.

Ungefähr zur selben Zeit hatte ich auch viele meiner Kollegen kennengelernt, und zwar in einem Restaurant an der Biscayne Bay, das sich *The Rusty Pelican* nannte. Es war ein schöner Spätsommerabend, und irgendwann schaute ich über die Bucht zum Hard Rock Café, wo ich seit ein paar Monaten kellnerte, um die Miete bezahlen zu können. An diesem Abend hatte ich mir freigenommen, um an dem Treffen teilzunehmen. Als ich jetzt über das Wasser blickte, dachte ich, dass ich jetzt normalerweise Besteck in Servietten einwickeln würde. Da wurde mir zum ersten Mal so richtig bewusst, dass ich kurz davorstand, meinen Traumjob anzutreten. Bald würde ich Lehrer sein.

Ich war der Jüngste unter den Lehrerkollegen, und als ich mir die anderen so ansah, dachte ich: Wow, lauter Erwachsene. Es war wie eine Offenbarung. Jetzt gehörte ich auch zu ihnen. Lehrer von überall her hatten sich an der eben eröffneten Schule beworben. Wir galten schon bald als »Dream Team«, Miamis bestes Lehrerkollegium. Und irgendjemand hatte mich offenbar für würdig gehalten, dazuzugehören.

Als eine meiner neuen Kolleginnen auf mich zumarschiert kam, um sich kurz vorzustellen, sagte sie »Wow!« und sah mich von oben bis unten an, von meinem dicken dunklen Haarschopf bis zu den unterschiedlichen Schnürsenkeln in meinen Schuhen. »Ein echter Frischling.«

Daran dachte ich, als ich mich für den ersten Tag in der neuen Schule anzog, und ich beschloss, dass ich, um erwachsener zu erscheinen, jeden Tag einen Schlips tragen würde. Ich würde mir auch einen Bart wachsen lassen, damit ich etwas mehr wie meinesgleichen aussah. Tu so, dann wirst du so, sagte ich mir.

Aber sosehr mir auch daran gelegen war, einen guten Eindruck bei meinen Kollegen zu machen, die Kids waren mir viel wichtiger. Ich konnte es gar nicht erwarten, sie zu sehen. »Mittelmäßige Lehrer erzählen etwas. Gute Lehrer erklären. Noch bessere Lehrer zeigen es. Und die wirklich großartigen Lehrer inspirieren ihre Schüler.« Das hat der Autor und Gelehrte William Arthur Ward geschrieben.

Ich wollte ein großartiger Lehrer sein. Der beste, den sie je gehabt hatten.

*

Ich war in Mr. Menasches Englischkurs, als die Coral Reef Senior High School ihre Pforten öffnete. Es war sein allererster Kurs. Und vom ersten Tag an wusste ich, dass ich in seinem Unterrichtsraum etwas Besonderes erleben würde. Er war so zugänglich. Er war keiner, der Vorlesungen hielt, er erzählte Geschichten. Er konnte unterrichten, indem er seine eigene Lebenserfahrung mit uns teilte. Wir führten ein Gespräch. Ich saß da an meinem Tisch in der Klasse und hatte das Ge-

fühl, diese wenigen Stunden, die wir in die Welt der Literatur, Dichtung und Wörter eintauchten, wären das Einzige, was wirklich Bedeutung hatte.

Wie lasen Gedichte von E. E. Cummings, Walt Whitman und Tupac Shakur. Ja, Tupac Shakur. Er brachte uns »The Rose that Grew from Concrete« bei: »Hast du von der Rose gehört, die aus einem Riss im Beton wuchs? Sie strafte die Naturgesetze Lügen, lernte laufen ohne Füße. Witzig, indem sie an ihren Träumen festhielt, lernte sie frische Luft zu atmen. Lang lebe die Rose, die aus dem Beton wuchs, als sich niemand sonst darum kümmerte.« Das hat mir die Augen geöffnet, denn ich begriff, dass überall und in jedem von uns Dichtung ist.

Rückblickend ist mir klar, dass er ein Anfänger war, aber damals hatten wir nie das Gefühl, es mit einem Lehrer zu tun zu haben, der sich mühsam vortastete. Vom ersten Tag an hatte er seine ganz eigene Art, selbst die kompliziertesten Dinge jedem Schüler zugänglich zu machen.

Manchmal frage ich mich, ob er überhaupt wusste, wie viel Kraft er uns gab, für unsere Ausbildung und auch ganz persönlich. Er unterrichtete uns nicht nur, er inspirierte uns.

Ayxa Barbel, Coral Reef Senior High School, Jahrgang 2001

7

Ich kam früh in die Schule, um noch ein paar Dinge in meinem Klassenzimmer zu richten. Ich wollte die neutral beigefarbenen Wände lebhafter gestalten, damit der Raum einladender aussah, und hatte deshalb Bücher von zu Hause mitgebracht, die ich auf die eingebauten Regale stellte, und eine selbstgemachte Collage mit Bildern meiner amerikanischen Lieblingsautoren, die hinter meinem Schreibtisch hängen sollte. Stunden hatte ich damit zugebracht, die Bilder zusammenzutragen: Walt Whitman, Louisa May Alcott, Emily Dickinson, Frederick Douglas, James Baldwin, Harriet Beecher Stowe, Edgar Allan Poe mit grimmigem Blick und natürlich Ernest Hemingway. Ich hämmerte die letzte Reißzwecke in das Poster und lief dann die Treppe hinunter ins Büro des Direktors, wo das Eröffnungsmeeting unseres Kollegiums stattfinden sollte. Alle schnatterten aufgeregt vor lauter Vorfreude auf die Eröffnung ihrer neuen Schule. Als ich mich umsah, dachte ich: *Das ist der beste Tag in meinem Leben!*

Am Ende des Meetings bekamen wir Ausdrucke mit den Namen unserer Schüler, für jeden Kurs ein Blatt. Als ich durch den langen, engen Flur zurück zu meinem Klassenzimmer ging, mit dem Klacken meiner Absätze auf dem gebohnerten Linoleum, blätterte ich die Seiten durch und wurde ganz ehrfürchtig. Schmetterlinge im Bauch. Meine Schüler, auf die ich mich gefreut hatte wie ein werdender Vater auf sein ungeborenes Kind, hatten jetzt Namen. *Das sind meine Kinder*, sagte ich zu mir.

Zurück in meinem Klassenzimmer, schrieb ich meinen eigenen Namen in großen schwarzen Buchstaben auf die weiße Tafel. »Willkommen zum Englischunterricht! David Joel Menasche.« Noch eine Stunde, bis die Show beginnen würde. Ich probte meine Eröffnung.

»Guten Morgen, allerseits! Willkommen an der Coral Reef Senior High. Mein Name ist Menasche. Daaviid. Jo-el. Menasche. (Sean Connery als James Bond.) Ich weiß, das ist ein seltsamer Name. Sieht aus wie David, spricht sich aber Daaviid, nicht Dayvid. Mein Vater kommt aus Kairo in Ägypten, und meine Mutter wurde in Sibirien geboren. Überall, wo kein Englisch gesprochen wird, spricht man den Namen so aus.«

Jahre später, tatsächlich erst im letzten Sommer, während ich eine Familienkreuzfahrt nach Cozumel in Mexiko plante, erfuhr ich, dass meine Annahme in Bezug auf die Aussprache meines Namens (meine Mutter ruft mich so, meine ganze Familie) wohl auf einem Mythos beruhte, den ich mir selbst als Kind zurechtgelegt hatte. Wir saßen um den Esstisch im Haus meiner Eltern, gingen die letzten Details der Reise durch und überprüften unsere Pässe. »Warum heiße ich eigentlich David?«, fragte ich. Alle brachen in Lachen aus, auch meine Mutter. »Was ist denn?«, fragte ich und sah mich um. Mein Bruder Maurice erklärte mir zwischen zwei Lachanfällen, da er zum Zeitpunkt meiner Geburt elf Jahre alt und das älteste Kind der Familie gewesen sei, hätten meine Eltern ihm erlaubt, den Namen für mich auszusuchen. Und er hätte sich für David entschieden, nach David Cassidy, dem Schauspieler aus seiner Lieblingsserie im Fernsehen, der »Partridge Family«. Als meine Mutter den Namen mit ihrem Akzent ausgesprochen hätte, sei »Daaviid« dabei herausgekommen. Und als ich selbst anfing zu sprechen, hätte ich es genau wie sie gemacht. Der Name blieb hängen, und so wurde ich in der ganzen Familie so genannt. Fast vierzig Jahre später, nachdem ich jeden korrigiert hatte, der meinen Namen englisch ausgesprochen hatte, und nachdem ich wohl hundert Mal vor neuen Schülern meine Aussprachenummer abgezogen hatte, musste ich erfahren, dass an meinem Namen überhaupt nichts Romantisches war. Ich hatte meinen Namen von David Cassidy aus der *Partridge Family.*

8

Der erste Schüler, der in mein Klassenzimmer kam, war betrunken. Wenn man bedenkt, dass einige Minuten zuvor meine größte Sorge darin bestanden hatte, einen Stift für die weiße Tafel zu finden ... Ich war gerade mit der Generalprobe für meine kleine Eröffnungsrede fertig, als er eintrat. »Wie geht's?«, fragte er, ging zu einem der Tische in der ersten Reihe und ließ sich auf den Stuhl fallen. Der Junge hatte lange, fettige Haare und trug ein schwarzes Ozzy-Osbourne-T-Shirt über Jeans mit weiten Hosenbeinen. Sein Geldbeutel baumelte an einer Kette, die an einer Gürtelschlaufe befestigt war, und am Handgelenk trug er ein Metallarmband mit Stacheln. Als er an mir vorbeiging, haute mich seine Alkoholfahne fast um. Im ersten Moment war ich verwirrt. Es war die erste Stunde, noch vor acht Uhr, eine Zeit, wo viele Leute noch nicht einmal ihre erste Tasse Kaffee intus haben. Und ich hatte einen sturzbetrunkenen Fünfzehnjährigen vor mir. Und warum musste er sich unbedingt direkt vor mich setzen, in die erste Reihe? Ich hätte erwartet, dass er sich ganz nach hinten schleichen würde. *Nein, Menasche, du bildest dir das nicht ein,* sagte ich zu mir. *Der Kerl ist vollkommen dicht. Herzlich willkommen zum ersten Tag deines Traumjobs.*

Ich ging zu dem Jungen und stellte mich vor. »Hallo«, sagte ich. »Mein Name ist Menasche, und deiner?«

»Mein Name ist Aaron Rawcliffe«, sagte er mit glasigem Blick und einem Grinsen. »Schön, Sie kennenzulernen.«

»Ebenso«, sagte ich. »Du stinkst nach Alkohol. Hast du was getrunken?«

Als ich den Jungen ansah, erkannte ich einiges von mir selbst in diesem Alter in seinem Gesicht. Es war noch nicht so lange her, dass ich selbst ein typischer mürrischer, aufsässiger, leichtsinniger Teenager gewesen war, der Risiken einging, Regeln verletzte, gegen die Eltern und gegen jede andere Autoritätsperson aufbegehrte. Mit fünfzehn war ich ziemlich rebellisch. Ich war Teil der Hardcore-Punk-Skater-Szene und zog mich auch so an. Meine Jeans waren immer zerrissen, und ich rasierte mir die Haare ab bis auf eine Locke über dem linken Auge und einen schmalen Streifen am Hinterkopf. Mein Vater nörgelte so lange an mir rum, bis meine Mutter irgendwann eingriff und mich fragte, was ich verlangte für die Bereitschaft, mir wieder eine normale Frisur zuzulegen. »Eine Tätowierung«, sagte ich.

Harte Zeiten waren das. Ich war ein Junge, der in einen Männerkörper hineinwuchs. Meine Hormone spielten verrückt, im einen Moment war ich total aufgedreht, im nächsten fühlte ich mich missverstanden und brauchte ganz dringend Zuwendung. Und wie bekommt man die besser als mit einer Punkfrisur und einem Tattoo? Oder indem man betrunken in die Schule kommt? Ich hatte mir für die Sache mit dem Tattoo kaum größere Chancen ausgerechnet als für die Möglichkeit, mir Danielle Greenberg zu schnappen, das beliebteste Mädchen in meiner Highschool. Aber wissen Sie was? Meine Mutter befahl mir, mich ins Auto zu setzen, und wir fuhren in das Tattoostudio in der Stadt.

Die ganze Fahrt fragte sie mich, ob ich mir nicht vielleicht was anderes wünschen würde. »Ein Aquarium vielleicht?« Sie wusste genau, wie sehr ich auf Fische stand. Ich dachte kurz darüber nach, fand dann aber, eine Tätowierung würde meine Freunde wesentlich mehr beeindrucken als ein paar Fische in einem Glasbecken. »Nee«, sagte ich. »Aber danke, dass du fragst.«

Wir gingen also in das Tattoostudio, und während ich herumspazierte und mir die Vorlagen an den Wänden ansah, hörte ich auf einmal ein Stöhnen hinter mir. Ich fuhr herum und sah einen großen, kräftigen Bikertypen, der sich ein Tattoo am Hals machen ließ. Seine Brust war voller Blut und Tinte, und er sah aus, als würde er gleich sterben. Mit weit aufgerissenen Augen drehte ich mich zu meiner Mom um und sagte: »Wie viele Fische wären denn in dem Aquarium?«

Meine Eltern hatten noch ein paar angsterfüllte Jahre vor sich, bis ich nach dem Highschoolabschluss meine Sachen packte und zu meinem Bruder Jacques zog. Jacques war fünfundzwanzig und lebte ziemlich bohèmemäßig in einer Künstlergemeinschaft in New York. Seine Welt war Welten entfernt von der prosaischen Existenz, in der wir im südlichen Florida aufgewachsen waren. Er und seine drei Mitbewohner lebten in einer Wohnung über einer chemischen Reinigung in Park Slope, Brooklyn. Ich kam aus einer Wohnsiedlung mit geraden Linien, breiten Schnellstraßen und sorgfältig gemähten Rasenflächen, und jetzt wohnte ich in einer Altbauwohnung, in der überall Bücher und Platten herumlagen, und in einem Viertel, in dem man vor lauter Wolkenkratzern den Himmel nicht sah. Ich genoss das Leben in diesem Treibhaus aufstrebender Künstler, wo Leute in Bands spielten und malten und aus purem Vergnügen philosophische Bücher lasen.

Jacques und seine Freunde arbeiteten zu niedrigen Löhnen in irgendwelchen Buchläden, um die Miete bezahlen zu können, aber sie waren jung und voller Leidenschaft und begeisterte Intellektuelle. Ich fühlte mich sauwohl bei ihnen.

Ich bekam einen Kellnerjob in einem Restaurant namens Nadine's im West Village und konnte damit meinen Beitrag bezahlen. Nebenbei bemerkt: In einer Restaurantkritik schrieb der Kritiker über mich, den Tischabräumer: »Ein netter kleiner Krümel, den ich gern in die Tasche packen würde.« Mein ältester Bruder Maurice zeigte mir das voller Vergnügen. Ja, gut, ich war ganz hübsch, aber ein »netter kleiner Krümel«?

Mein Bruder Jacques erwartete einiges von mir und er war ganz klar der Boss, aber er behandelte mich mit Respekt, und ich wollte ihn nicht enttäuschen. Er war mein bester Lehrer, zeigte mir einige meiner späteren Lieblingsbücher, von Jack Kerouacs *Unterwegs* bis zu John Kennedy Tooles *Die Verschwörung der Idioten*, und förderte meine Liebe zum Schreiben und zur Literatur. Meine Eltern hatten sich wirklich alle Mühe gegeben, aber mein Bruder war es, der mich aus dem selbstzerstörerischen Teenager-Gehabe herausführte, indem er mich dazu brachte, mich wirklich auf Bildung und Lernen einzulassen.

So ein Anker wollte ich auch für meine Schüler sein.

Ich fragte den Jungen noch einmal: »Hast du was getrunken, Aaron?«

»Äh, hm, ja«, sagte er.

»Hör mir zu«, sagte ich. »Wenn ein dämlicher Englischlehrer wie ich mitkriegt, dass du betrunken bist, glaubst du, du kannst die Cops oder den Direktor zum Narren halten? Es tut mir leid, dass du dir selbst so was antust, aber komm auf jeden Fall nicht noch mal so in meinen Unterricht.«

Ich hatte vor dem Unterricht nie was getrunken. In meiner Schule war es erlaubt, das Gelände zum Mittagessen zu verlassen, und manchmal ging ich mit Freunden mit, die ein Auto hatten, trank etwas und ging dann nach Hause, um meinen Rausch auszuschlafen. Aber Aaron – es war noch früh am Morgen, und der Kerl war schon besoffen. Welche Party fängt denn so früh an? Ich machte mir wirklich Sorgen. Mein erster Tag als Lehrer – und ich hatte keine Ahnung, was ich tun sollte. Also konnte ich nur meinem Instinkt folgen, und mein Instinkt sagte mir: Wenn ich den Jungen jetzt zum Direktor schickte oder einen Eintrag ins Klassenbuch machte, dann würde ich alles nur noch schlimmer machen. Ich entschied mich dafür, eine Beziehung zu ihm aufzubauen und ihn genau im Auge zu behalten. Er brauchte jemanden, der für ihn da war.

Nach dem Unterricht fuhr ich nach Hause und entwickelte einen zweistufigen Plan. Mir war klar, dass Aaron um Aufmerksamkeit bettelte, also würde ich ihm jede Menge positiver Aufmerksamkeit geben. Aber nur, wenn er sie verdient hatte. Kinder merken, ob du echt bist oder sie verhätschelst. Wenn Aaron in einer Diskussion im Unterricht etwas Spannendes sagte oder einen besonders guten Aufsatz schrieb, würde ich ihn loben. Wenn ich eins von seinen T-Shirts mochte, würde ich ihm sagen, dass es cool war. Der zweite Teil des Plans bestand darin, einen Unterricht zu machen, der seiner Aufmerksamkeit würdig war.

Wenn ich in diesem Beruf irgendetwas erreichen wollte, dann musste ich unorthodox denken und Möglichkeiten erfinden, wie meine Schüler das lernen wollten, was ich ihnen beibrachte. Mein Erfolg als Lehrer sollte sich nicht daran messen lassen, wie viel Gehalt ich bekam oder ob die Kids jede Lektion lernten, sondern daran, dass sie mitbekamen, wie viel Mühe ich mir gab. Damit sie sich ebenfalls Mühe gaben. Ich erwartete viel von ihnen, aber nicht mehr als von mir selbst. Schüler richten sich nach der Messlatte aus, die du legst, heißt es. Von heute an würde ich die Messlatte hoch legen. Für sie. Und für mich.

*

Keine Ahnung, was ich mir dabei gedacht habe. Aus irgendeinem verrückten Grund hatte ich beschlossen, ich wollte so nah wie möglich bei dem Lehrer sitzen. Ich gehe also rein, bin als Erster da, rotzfrech, so nach dem Motto: Was ist jetzt mit Schule? Und er kommt auf mich zu, ganz ruhig, und fragt mich, ob ich was getrunken habe. Ich sage: »Äh, hm, ich weiß nicht, was meinen Sie damit?«

Natürlich hatte ich getrunken. Ich hatte, unmittelbar bevor ich reinging, noch zwei große Flaschen Bier gekippt. Ich wollte nicht in dieser komischen Eliteschule sein. Ich wollte in eine ganz normale staatliche Schule gehen, mit meinen ganzen Freunden, aber meine Mutter hatte mich mit Tickets für Ozzy Osbournes Hardrock-Festival OzzFest bestochen, wenn ich mich drauf einließe. Meine Freunde hatten mir angeboten, mich an der neuen Schule abzusetzen, bevor sie weiterfuhren zu unserer alten Schule. Aber auf dem Weg dorthin beschlossen sie, den Tag blauzumachen, ein paar Flaschen Bier zu kaufen und an den Strand zu gehen. Ich sagte: »Seid ihr verrückt? Heute ist der erste Tag, ich muss da hin.« Meine Freunde hatten eine gefälschte ID-Karte, also hielten wir an einem 7–11 einen Kilometer vor der

Schule und kauften uns Bier. Für mich brachten sie zwei Flaschen Mickey's Ice Malt mit, die ich beide austrank. Und dann ging ich zur Schule.

Ich blickte auf zu ihm, und er sah gar nicht wütend aus. Er sah … verwirrt aus. Das haute mich um. Andere Lehrer hätten irgendwas gesagt wie: »Was zum Teufel soll das? Wie kannst du es wagen, so zum Unterricht zu kommen?« Dann hätten sie mich zum Direktor geschickt, und ich hätte einen Verweis bekommen, vielleicht wäre ich sogar von der Schule geflogen. Aber das alles tat er nicht. Er sah mich mit einem ehrlich besorgten Blick an. Er zog nicht die Autoritätsnummer ab, sondern zeigte mir, dass es ihn was anging. Dass er sich drum kümmerte. Und er behandelte mich mit Respekt.

Ich bin nie mehr betrunken zum Unterricht gekommen, und ich habe keine einzige Stunde bei Menasche verpasst. Ich hab ziemlich oft blaugemacht, aber nicht bei ihm. Ich wusste, er erwartete viel von mir, und ich wollte ihn nicht enttäuschen, weil er sich so viel Mühe gab, damit ich Erfolg hatte.

Aaron Rawcliffe, Coral Reef Senior High School, Jahrgang 2000

9

Nachdem wir uns in unsere Stellen als Lehrer eingewöhnt hatten, beschlossen Paula und ich, uns ein Haus zu kaufen. Wir konnten es uns nicht leisten, im Süden von Miami zu bleiben, wo unsere Wohnung lag, jedenfalls nicht mit unseren Lehrergehältern – damals verdienten wir jeder weniger als vierzigtausend Dollar im Jahr –, also suchten wir weiter außerhalb. Schließlich fanden wir ein Haus in einem Wohngebiet, das zwischen zwei sechsspurigen Ausfallstraßen zum Flughafen eingeklemmt war. Das Haus sah aus wie eine Ranch, hatte hundertzwanzig Quadratmeter Wohnfläche, zwei Schlafzimmer und ein fensterloses Bad, aber Paula und ich verliebten uns sofort in unser neues Zuhause. Natürlich hatte es uns der Makler nur bei Tageslicht gezeigt. Erst nachdem wir eingezogen war, bemerkten wir, dass es jedes Mal erzitterte, wenn ein Flugzeug startete oder landete, und dass die Motels in unserer Nähe in Wirklichkeit Stundenhotels für die Prostituierten waren. Aber egal. Wir waren jung und verliebt in den Gedanken an ein eigenes Haus, und wir machten das Beste daraus.

An den Wochenenden richteten wir uns mit den Secondhand-Möbeln meines Bruders Maurice ein und hängten Paulas Familienfotos und moderne Bilder, die einer meiner Schüler malte, an die Wände. Meine Mutter hatte immer genug Grünpflanzen, und so füllte sich das Haus mit Töpfen voll Boston-Farn und Birkenfeige. Wenn ich auf dem Rasen vor meiner Haustür stand, war ich Ben Cartwright auf meiner Achtel-Hektar-Ponderosa-Ranch, mitten in Miami. Ich pflanzte einen Baum und verkündete Paula, ich würde ihn wachsen sehen, bis er an den Himmel stieß. Für uns war dieses Haus eine Briefmarke des Paradieses, und wir saßen morgens am Küchentisch, tranken Kaffee und lächelten über unser Glück. Wir hatten uns und nun hatten wir offiziell Wurzeln geschlagen, indem wir uns ein eigenes kleines Stück Land erobert hatten.

Was jetzt noch fehlte, waren ein paar Kinder.

Paula und ich hatten immer wieder darüber gesprochen. Am Ende hatte sie mich überzeugt, vielleicht erst mal mit einem Hund anzufangen – ein glücklicher Kompromiss. Ich hatte mir immer schon einen Hund gewünscht, also fuhren wir an einem Samstagnachmittag kurz nach unserem Einzug zu einem Züchter in der Nähe und adoptierten unser erstes Kind: einen Mischlingswelpen, nicht größer als ein Fußball, mit Pfoten wie ein Bär. Wir nannten ihn Milo. Als er sechs Monate alt war, wog er mehr als vierzig Kilo und war voller Energie und Überschwang. Als meine Eltern kamen, um sich unser Haus zum ersten Mal anzusehen, war Milo so begeistert, dass er durch das Glas des geschlossenen Wohnzimmerfensters hechtete, über die Veranda hüpfte und meine Mutter freundlich ansprang. Sie hatte von da an eine panische Angst vor ihm.

Mit Paula und Milo und einem Haus mit einem Zaun darum fühlte ich mich, als hätte ich wieder einen Traum verwirklicht. Ich hatte eine eigene Familie. Was mich anging: die perfekte Familie. Aber was wünscht sich jede perfekte Familie? Ein weiteres Familienmitglied. Und sobald Milo endlich die seinen Pfoten entsprechende Größe erreicht hatte und offiziell größer war als ich, adoptierten wir eine Schwester für ihn. Lucy war halb Bulldogge, halb Boxer. Sie war klein, aber kräftig, und sie konnte sich gegen Milo behaupten. Die beiden wurden bald gute Freunde. Nachdem noch drei streunende Katzen dazukamen, waren wir so was wie die Bradys aus der Fernsehserie *Drei Mädchen und drei Jungen.* Ich nannte unser Haus Menasche Manor.

10

Mit der Zeit waren die Wände meines Klassenzimmers zugepflastert mit Kunstwerken meiner Schüler: ein abstraktes Gemälde in leuchtenden Farben mit dem Titel »Esmeralda« erinnerte an die weibliche Hauptfigur aus Victor Hugos *Der Glöckner von Notre Dame*, es gab ein Mobile mit den Figuren aus *Huckleberry Finn* und später ein Porträt meines Gehirns, quasi eine Kopie meines MRTs in Öl. Die Pinnwand neben meinem Schreibtisch war voll von Gruppenfotos, und in den Bücherregalen standen dicht gedrängt Lieblingsbücher meiner Schüler und inspirierende Aufsätze aus vergangenen Kursen, die ich einfach nicht wegwerfen konnte. Manchmal fühlte sich Zimmer 211 mehr nach zu Hause an als mein Zuhause. Ich lebte, aß und atmete Unterricht. Ich ging früh zur Schule, kam spät wieder raus und arbeitete oft bis in die Nacht an neuen Ideen, damit die Kids wirklich lernen wollten. Ihnen Input zu geben, auf den sie reagieren konnten und der ihr Leben berührte, war meine Hausaufgabe. Indem ich sie beobachtete, von ihnen lernte und vor allem zuhörte, wenn sie mir etwas zu sagen hatten, versuchte ich neue Arten des Unterrichtens zu entwickeln.

Gleich zu Anfang eines neuen Kurses bat ich jeden Schüler aufzustehen und mir von dem besten und dem schlechtesten Lehrer zu erzählen, den er oder sie bisher gehabt hatte. Und die Gründe. Schon diese Übung zeigte mir, dass die Art, *wie* man unterrichtet, der Schlüssel zum Interesse der Schüler ist. In diesen sehr aufschlussreichen Geschichten und den Dialogen, die sich daraus entspannen, lernte ich, dass die Schüler sich eine Kombination von Eigenschaften wünschen, die durchaus nicht immer miteinander vereinbar und auch nicht leicht zu erreichen sind. Der Lehrer, den sich meine Schüler wünschten, kümmerte sich um sie und war nachdenklich, aber nicht so nett, dass er zu einem leichten Opfer für sie wurde. Sie wünschten sich jemanden, der ihnen nahe war, aber keinen Kumpel. Man musste laut genug sprechen, damit sie sich nicht zu sehr anstrengen mussten, einen überhaupt zu hören, oder das Interesse verloren. Eine leise Stimme war gleichbedeutend mit Langeweile, und Langeweile ging gar nicht. Sie wollten einen Lehrer, der sie respektierte, aber sie nicht unbedingt in jeder Hinsicht als seinesgleichen behandelte. Sie verstanden durchaus, dass man da vorne stand, weil man mehr Erfahrung und Wissen hatte als sie – das war cool. Man durfte es ihnen nur nicht ständig vorhalten – das war heftig. Sie wollten nicht herablassend behandelt, aber auch nicht verwirrt werden. Ich kann Ihnen gar nicht sagen, wie oft ich mitten in einem Aufsatz eine Bemerkung von einem Schüler fand, die in etwa lautete: »Ich wette, Sie lesen das hier gar nicht!« Ich habe sie immer eingekreist und danebengekritzelt: »Ich wette, du liest das hier.« Tatsächlich stürzte ich mich stundenlang in diese Aufsätze und schrieb so viele Kommentare mit meinem Rotstift, dass das Papier hinterher aussah wie ein Schlachtfeld. Wenn sie sich die Zeit nahmen, etwas zu schreiben, dann musste ich mir auch die Zeit nehmen, es zu lesen und ihnen zu helfen, es beim nächsten Mal besser zu machen.

Ich stellte fest, dass die Jugendlichen einen Lehrer

haben wollten, der etwas von ihnen forderte und viel von ihnen erwartete. Erwartung ist etwas sehr Motivierendes. Am Ende des ersten Schuljahres legte ich die trockenen Lesebücher zur Seite und gab meinen Schülern eine Leseliste mit fünfundzwanzig Büchern, aus denen sie auswählen konnten. Ich nannte es die »Liste der großen Werke«, und darauf standen Titel wie *Der große Gatsby, Farm der Tiere* und *Die Glasglocke* von Sylvia Plath. Zusätzlich stellte ich ihnen eine kurze Zusammenfassung jedes Buchs zur Verfügung und forderte sie auf, sich eins auszusuchen, das ihnen interessant vorkam, und es zu lesen, wenn ihnen danach zumute war. Wenn es ihnen nicht gefiel, konnten sie wechseln, aber bis zu einem bestimmten Termin mussten sie ein Buch fertig lesen und eine Arbeit darüber abliefern.

Im Unterricht besprachen wir Bücher von *Die Tribute von Panem* bis hin zu *Uhrwerk Orange*. Wir besprachen die richtig großen Autoren: Steinbeck und Hemingway, Faulkner, Dickinson, Whitman und Frost. Aber ich hatte auch Songtexte von Rappern und Gedichte von Leuten wie der Harlem-Renaissance-Autorin Gwendolyn Brooks im Programm. Man muss sich gute Sachen einfallen lassen, um Teenager vom Drama ihres Lebens abzulenken, von gebrochenen Herzen und Dreiecksfreundschaften, Problemen mit dem Freund oder der Freundin und all den entsetzlich schmerzhaften Trennungen. Sie sind nun mal egozentrisch. Wenn es nicht um sie geht oder wenn sie nicht auf irgendeine Weise Teil des Stoffs sind, dann interessiert er sie nicht. Eine meiner Aufgaben an sie bestand darin, eine illustrierte Autobiographie zu erstellen. Die Schüler sollten zehn entscheidende Ereignisse ihres Lebens dokumentieren. Ich forderte sie auf, zu jedem

Ereignis einen einfachen Satz zu schreiben, ohne Adjektive oder Adverbien: »Ich lernte Fahrrad fahren.« Und dann sollten sie das Ereignis mit Bildern, Zeichnungen und/oder Fotos illustrieren und alles zu einer Collage zusammenbauen. Die Ergebnisse waren verblüffend, manchmal unglaublich komisch. »Ich lernte schwimmen« wurde mit einem Bild von einem Schwimmer illustriert, der von Haien gejagt wird. »Ich lernte Auto fahren« stand neben einem Zeitungsausschnitt, auf dem ein paar Crashtest-Puppen nach dem Aufprall zu sehen waren. Die Schüler liebten diese Aufgabe. Und als sie dachten, jetzt seien sie fertig, fragte ich sie: »Habt ihr schon mal das Sprichwort gehört: Ein Bild sagt mehr als tausend Worte?« Sie nickten. »Gut«, sagte ich. »Dann schaut euch jetzt eure Collage an und erzählt die Geschichte in tausend Worten. Oder jedenfalls genug Worten, um eine Seite vorn und hinten zu füllen.«

Oft empfahl ich ihnen als literarische Anregung für den Aufsatz Jack Kerouacs *Unterwegs.* Die Geschichte erzählt von den Reisen, die Kerouac mit einem Freund unternahm, von ihrer Suche nach sich selbst. Es ist nicht jedermanns Sache, und meine Schülerin Massi Gonzalez, ein redseliges Mädchen mit Sinn fürs Dramatische, war sich absolut sicher, dass es nichts für sie war. Eines Tages kam sie nach dem Unterricht in mein Klassenzimmer gestürmt und sagte: »Das ist doch totaler Unsinn!« Ich zuckte mit den Schultern. »Dann such dir ein anderes aus.« Daraufhin schlug ich ihr Tom Robbins' *Buntspecht* vor. Das ist eine verrückte Liebesgeschichte, die in einer Packung Camel-Zigaretten spielt – ja, es ist ziemlich kompliziert! Kurzum: Man liebt oder hasst sie. »Okay«, sagte Massi und verdrehte die Augen.

Am nächsten Tag kam sie mit einem wilden Blick zu

mir. »Was soll das denn?«, rief sie empört. »Das ist ja auch totaler Unsinn!«. Ich war entschlossen, es ihr auf keinen Fall zu ersparen, ein Buch für das Projekt zu lesen. »Lies weiter. Such dir eine Möglichkeit, Spaß daran zu finden.« Das tat sie. An dem Tag, als sie ihre Arbeit präsentieren sollte, kam sie früh in die Schule. Als sie dann an der Reihe war, stand sie auf und spielte Szenen aus dem Buch vor. Dazu spielte sie ihre gequälten Versuche, das Buch zu lesen. Ihre Vorführung war ebenso genial wie die Idee des Buches. Sie hatte nur ein bisschen Ermutigung gebraucht, und dann hatte sie sich auf die scheinbar langweilige Aufgabe eingelassen und ein Meisterwerk daraus gemacht. An diesem Tag ging ich mit beschwingten Schritten nach Hause.

Oft gerieten wir in lebhafte Diskussionen. Mir war es wichtig, Aufgaben zu entwickeln, die die Kreativität der Schüler förderten, auch wenn das nicht unbedingt den traditionellen Arbeitsweisen in der Schule entsprach. So wollte ich ihnen helfen, Empathie und Respekt für die Autoren und die Figuren zu entwickeln. Mein Ziel war, ihnen Respekt für die Menschen in ihrem Leben beizubringen. Als wir ein Essay von Stephanie Ericsson mit dem Titel »The Ways We Lie« – »Wie wir lügen« – besprachen, fing ich damit an, dass ich die Kids aufforderte, darüber zu schreiben, wann sie das letzte Mal jemanden angelogen hatten oder angelogen worden waren. Eine Schülerin schilderte, wie sie als kleines Mädchen fest an Santa Claus geglaubt hatte, dann aber eines Abends vor Weihnachten ihren Vater dabei erwischt hatte, wie er selbst Geschenke einpackte. Da war ihr klargeworden, dass ihre Eltern sie angelogen hatten. Als wir den kurzen Aufsatz gemeinsam besprachen, sagte sie, sie hätte ihrem Vater danach nie wieder richtig geglaubt. Es war gar nicht so schlimm gewesen, herauszufinden, dass es keinen Weihnachtsmann gab. Aber dass ihre Eltern sie belogen hatten, das war eine traumatische Erfahrung. »Wem soll man denn vertrauen wenn nicht den eigenen Eltern?«, fragte sie.

Die Übung führte zu einer intensiven Diskussion über verschiedene Arten der Lüge und darüber, wie selbst die scheinbar unschuldigsten Lügen ihre Kreise ziehen. Wie Ericsson in ihrem Essay geschrieben hatte: »Wir lügen. Wir alle lügen. Wir übertreiben, untertreiben, wir vermeiden Konfrontation, wir schonen die Gefühle anderer Menschen, wir vergessen etwas nur zu gern, wir bewahren Geheimnisse, wir halten es für gerechtfertigt, Behörden und Institutionen zu beschwindeln. Wie die meisten Menschen, erlaube ich mir kleine Unwahrheiten und halte mich trotzdem für einen ehrlichen Menschen. Natürlich lüge ich, aber es schadet doch keinem. Wirklich nicht?« Ich fand, das war eine wichtige Frage, und gab sie an meine Schüler weiter. Dann bat ich sie, ihre eigenen Lügen einzuschätzen, von kleinen Notlügen bis hin zu großen Lügen. Die Diskussionen über die Notlügen waren am interessantesten. Jeder wusste, dass große Lügen nicht in Ordnung sind. Aber wie sieht es mit den Lügen aus, die aus guter Absicht passieren? »Ja, Virginia, es gibt einen Weihnachtsmann …« Zuerst verteidigten die Kids diese niedliche kleine Lüge, aber dann erkannten sie, dass sie für ihre Mitschülerin große Auswirkungen gehabt hatte. Selbst ihre Beziehungen zu ihren Freundinnen und ihrem Freund waren davon betroffen.

Ich erzählte ihnen immer von harmlosen kleinen Lügen, einfachen Schwindeleien, die mir selbst als Kind und Jugendlichem passiert waren. »Wenn deine Freundin dich fragt, wie sie aussieht, und du ihr sagst, sie sieht großartig aus. Aber das ist gelogen. Ist das in Ordnung?« Die Antwort war immer dieselbe: »Was würden Sie denn machen? Würden Sie ihre Gefühle verletzen?« Als Antwort konnte ich die Worte großer literarischer Denker ins Spiel bringen. Einmal war es George Bernard Shaw: »Die Strafe des Lügners besteht gar nicht darin, dass man ihm nicht glaubt, sondern dass er keinem anderen mehr glauben kann.« Ein anderes Mal antwortete ich mit John Steinbecks Passage aus dem Buch *Jenseits von Eden:* »Die meisten Lügner fallen auf, weil sie vergessen, was sie erzählt haben, oder weil ihre Lüge plötzlich mit einer unbestreitbaren Wahrheit konfrontiert wird.« Ein weiteres Zitat, das die Schüler wirklich nachdenklich machte, stammte von dem Rhodes-Forscher und Lexikographen Bergen Evans: »Ein Mann, der eine Frau nicht anlügen will, nimmt wenig Rücksicht auf ihre Gefühle.« Was natürlich bedeutet, dass seiner Meinung nach die Frau mit der Wahrheit nicht zurechtkommt. Diese provokativen Diskussionen führten die Schüler unweigerlich zu dem Schluss, dass die meisten Lügen aus Angst geschehen, und daraus ergab sich, dass wir mit unseren Lügen nur zugeben, wie viel Angst wir tatsächlich haben. Das war eine Offenbarung für sie.

*

Das ganze Jahr über ging es darum, sich mit neuen Ideen zu beschäftigen, wie die Welt funktionierte und wie Menschen sich darin sahen. Ich lernte, die Worte hinter den Worten zu lesen, die Stimme des Autors hinter Syntax und Wortwahl zu hören. Der Zauber der Sprache wurde für mich sichtbar, und ich lernte, sie zu nutzen und damit zu spielen.

Und dann erklärte Mr. Menasche uns die Wirklich-

keit. Mit seiner Hilfe begriff ich, dass ein gutes Leben darin besteht, Wissen zu erwerben und mit anderen zu teilen. Wenn wir die Welt richtig verstehen, dann sind wir vielleicht nicht dazu verpflichtet, sie heute zu verändern, aber wir sollen der nächsten Generation helfen, ihr Werkzeuge zur Verfügung stellen, damit sie Veränderung bewirkt. Damit die Welt ein Stückchen besser wird.

Alberto Herrera, Coral Reef Senior High School, Jahrgang 2009

*

Ich erinnere mich noch lebhaft an die erste Aufgabe, die Mr. Menasche uns stellte. Wir sollten aufschreiben, was wir mit unserem Leben vorhatten, all unsere Hoffnungen und Zukunftsträume, und was wir unternehmen würden, um sie zu verwirklichen. Nachdem wir die Blätter abgegeben hatten, führte er Einzelgespräche mit uns über das, was wir geschrieben hatten. Er hielt mein Blatt in der Hand und sagte: »Vicky, das ist nicht deine Stimme. Was du da aufgeschrieben hast, ist kompletter Blödsinn, das nehme ich dir nicht ab. Was willst du wirklich sagen?« Die Frage traf mich wie eine Ladung Ziegelsteine. Ich war wie vor den Kopf gestoßen. Wie soll eine Siebzehnjährige wirklich wissen, was sie will, wenn sie sich nicht mal entscheiden kann, für welches College sie sich bewirbt? Aber das bewegte etwas in mir. Von da an hörte ich endlich auf, Dinge zu tun, um eine gute Note zu kriegen oder einem Lehrer zu gefallen. Und ich fing an, darüber nachzudenken, was ich mit meiner Ausbildung und vor allem mit meinem Leben anfangen wollte. Nie zuvor und niemals danach hat mir ein Lehrer etwas derart Bedeutendes geschenkt.

Aber so ist Menasche. Er versuchte uns nichts aufzudrängen oder uns zu einer bestimmten Denkweise zu bringen. Er akzeptierte keine pflaumenweichen Antworten auf seine Fragen, nur damit wir eine bestimmte Note bekommen. Er forderte uns ständig auf, nach der Wahrheit zu suchen, ob es nun um Literatur geht oder ums Leben. So machte er uns Mut zu unorthodoxem Denken.

Vicky Campadonico, Coral Reef Senior High School, Jahrgang 2009

*

Mit der Zeit fand ich heraus, dass einer der besten Wege, sinnvolle Diskussionen in Gang zu setzen, in einem System bestand, das ich »Spirale« nannte. Es ist ganz einfach. Ich zeichnete eine schlichte Spirale auf die Tafel und zeigte auf die Mitte. »Wir sollten am Anfang beginnen«, sagte ich. »Mit unserer Geburt geht es los. Da sind wir ziemlich auf uns selbst bezogen. Wir schreien, wenn wir hungrig oder müde sind oder die Hosen voll haben, weil wir wollen, dass diese Probleme aus der Welt geschafft werden. Es ist uns vollkommen egal, dass wir unseren Eltern den Schlaf rauben. Es geht nur um unsere Befriedigung.«

Dann bewegte ich den Stift ein Stückchen weiter auf der Spirale. »Und jetzt nehmen wir einmal an, ihr seid drei oder vier Jahre alt«, sagte ich. »Eure Mutter gibt euch einen Lutscher. Ihr liebt diesen Lutscher. Eure ganze Welt liegt in diesem einen Lutscher, aber dann fällt er euch runter, wird schmutzig, und eure Mutter wirft ihn weg. Ihr heult und schreit, weil ihr glaubt, ihr hättet das Einzige verloren, was auf dieser Welt zählt. Ihr denkt, ihr hättet alles verloren. An diesem Punkt fangt ihr an, euch mit Dingen zu beschäftigen, die außerhalb von euch selbst liegen, aber nur, soweit sie euch selbst unmittelbar betreffen.«

Ich bewegte den Stift noch ein Stück weiter. »Jetzt seid ihr acht Jahre alt«, fuhr ich fort. »Und ihr seht, dass eure Mutter weint. Ihr würdet gern hingehen und irgendwie helfen, aber stattdessen geht ihr weg und kümmert euch um eure eigenen Angelegenheiten. Ihr fühlt euch noch nicht so richtig betroffen, aber die Saat ist doch gelegt. Ein paar Jahre später könnt ihr endlich anfangen, wirklich auf andere Menschen einzugehen. Wenn ihr zehn Jahre alt seid und eure Mutter weinen seht, geht ihr hin und umarmt sie. Im Laufe der Zeit werden wir alle immer weiter aus uns selbst herausgeschoben und kümmern uns um Sachen, die uns nicht mehr so unmittelbar betreffen.«

Schließlich kam ich ans Ende der Spirale. »Viele von uns kommen nie hier an«, erklärte ich. »Aber das ist das Ziel. Da wollt ihr hin. An diesem Punkt kümmert ihr euch um die Vergangenheit, die Zukunft und um Dinge, die euch nicht direkt betreffen, beispielsweise um hungernde Kinder in Afrika, um den Krieg im Nahen Osten, um die Armut in der Dritten Welt. An diesem Punkt könnt ihr Mitgefühl mit anderen zeigen und ihnen mit echtem Respekt und Freundlichkeit begegnen, weil ihr, wenn ihr hier angekommen seid, euch mehr um andere kümmert als um euch selbst.«

Erstaunlicherweise breitete sich die Spirale an unserer Schule aus. Die Kids malten sie auf ihre Hefte und auf die Haut. Im Kunstunterricht tauchte sie in den Skizzenblöcken auf, im Musikunterricht zwischen den Notenlinien. Überall auf dem Gelände waren Spiralen zu sehen, auf Plakaten, Anschlagtafeln und Schränken – eine Erinnerung für meine Schüler, ebenso wie für Jugendliche, die nie bei mir im Unterricht gewesen waren. Ein Zeichen, das sie daran erinnerte, über ihre eigenen Wünsche und Bedürfnisse hinauszublicken.

Als ich sah, wie wirkungsvoll die Spirale war, fing ich an, nach anderen Möglichkeiten zu suchen, Lebensweisheit und Literatur miteinander zu kombinieren.

Und so kam ich auf die Idee mit der Prioritätenliste.

11

Eines Abends, nachdem Paula und ich mit dem Essen fertig waren, ging sie ins Schlafzimmer, um ihren abendlichen Anruf bei ihrer Mutter und ihren Schwestern zu erledigen. Ich blieb im Wohnzimmer und las noch mal meine Ausgabe von Shakespeares *Othello* durch. Ich hatte das Stück über die Jahre hinweg so oft gelesen, dass die Seiten ganz abgegriffen und vergilbt waren, aber meine Schüler hatten Mühe, in die Geschichte hineinzukommen. Wenn ich es noch einmal las, so hoffte ich, würde mir etwas einfallen, womit ich ihnen den Weg leichter machte.

Ein paar Stunden später, Paula war immer noch beim Telefonieren, hatte ich endlich eine Idee. »Ich glaube, so wird es gehen!«, sagte ich mir. »Ich werde eine Liste von Begriffen erstellen, die im Leben jedes Menschen vorkommen: Wörter wie Ehre, Liebe, Wohlstand, Macht, Karriere, Respekt. Die Liste für Othello, einen dunkelhäutigen Christen und heldenhaften General, würde vermutlich mit dem Wort ›Ehre‹ beginnen. Iago, Othellos Fähnrich, der sich an ihm rächen will, nachdem er bei einer Beförderung übergangen worden ist, hätte vermutlich eher das Wort ›Karriere‹ ganz oben auf seiner Liste. Und bei Desdemona, Othellos treuer Ehefrau bis in den Tod, wäre es wohl das Wort ›Liebe‹.« Ich hoffte, wenn sie die Wörter je nach der Priorität der jeweiligen Figur neu sortierten, würden die

Schüler die Unterschiede und Gemeinsamkeiten zwischen den Figuren in dem Stück erkennen und sehen, dass Menschen im Allgemeinen komplizierte Geschöpfe sind, selten einfach nur gut oder schlecht. Obwohl an Iago zugegebenermaßen nicht viel Positives zu finden ist!

An diesem Morgen schrieb ich vor der ersten Stunde die Namen der Figuren an die Tafel und die Wörterliste gleich daneben. Dann bat ich die Schüler, die Listen abzuschreiben und die Prioritäten für jede Person in dem Stück zu ordnen. Sie waren so sehr damit beschäftigt, dass die meisten noch blieben, als die Schulglocke schon geklingelt hatte, und lebhaft über ihre Listen diskutierten. Ich wiederholte diese Aufgabe bei allen meinen Kursen an diesem Tag, und jedes Mal passierte dasselbe: Die Schüler lernten die Figuren neu kennen, nahmen Kontakt zu ihnen auf und erfuhren gleichzeitig etwas über sich selbst. Einer sagte: »Ich bin Iago«, und ein anderer antwortete: »Ich bin mehr ein Othello.« Oder: »Ich bin treu wie Desdemona.«

Die Übung war so wirkungsvoll, dass ich die Liste im folgenden Jahr um Wörter erweiterte, die mehr Nuancen erkennen ließen und weniger leicht zu beurteilen waren. Wörter wie »Unabhängigkeit«, »Spiritualität« und »Stil«. Dann forderte ich die Schüler dazu auf, diese Begriffe nicht nur auf Personen in einem Theaterstück anzuwenden, sondern auch auf sich selbst. Ich bat sie, all diese Wörter danach durchzunumerieren, wie wichtig sie für ihr Leben waren. Und danach lud ich sie ein, zur Tafel zu kommen und ihre Reihenfolge für alle offenzulegen. Dazu brauchten sie Mut, denn damit offenbarten sie sich vor ihren Mitschülern und brachten ihnen das Vertrauen entgegen, dass diese sie nicht verurteilten. Aber diese einfache Aufgabe schenkte ihnen plötzliche Einsichten in ihr eigenes Selbst und half ihnen, andere zu erkennen und Mitgefühl zu zeigen. Was als Aufgabe zur Erschließung eines literarischen Werks begonnen hatte, entwickelte sich zu einer Lektion fürs Leben. Und die Jugendlichen fanden es toll.

Auch ich lernte viel aus ihren Listen. Oft war die Reihenfolge der Schlüssel für eine tiefer liegende Geschichte. Wenn Amy S. beispielsweise »Karriere« vor »Bildung« setzte, dann war das College für sie vermutlich ein Sprungbrett. Malcolm B., bei dem »Bildung« vorne stand, hatte sich vermutlich noch nicht für einen beruflichen Weg entschieden. Die Plazierung des Wortes »Liebe« war immer besonders aufschlussreich. Nicole F. rückte das Wort »Liebe« in die Nähe von »Familie«, dahinter steckte wahrscheinlich ihr Traum von einer Familie, einem Mann und den Kindern. Dagegen brachte Miguel T. »Sicherheit« und »Familie« zusammen, vermutlich weil es ihm eher um das Wohlergehen seiner Eltern und Geschwister ging. Kurz gesagt: Die Listen spiegelten, was im Leben der Jugendlichen in diesem Augenblick wichtig war, oder zumindest, was sie ganz persönlich für wichtig hielten, bevor sie gemeinsam mit ihren Mitschülerinnen und Mitschülern die Worte auseinandernahmen und darüber diskutierten, was sie wirklich bedeuteten.

Eine der anrührendsten Geschichten erfuhr ich von einem Schüler namens Ryan, einem entsetzlich schüchternen Jungen, der sich von seinen Mitschülern leicht verschrecken ließ. Ryan hatte eine schöne Stimme und sang im Schulchor. Nie zeigte er mehr Gefühl als beim Singen. Als ich im Kurs die Aufgabe mit der Prioritätenliste stellte, wurde er feuerrot. Während er versuchte, die richtigen Antworten zu finden, wand er sich geradezu an seinem Platz. Es war ganz deutlich zu sehen, dass er sich weit außerhalb seiner Komfortzone befand. Und als ich herumging und auf die Blätter schaute, las ich bei ihm die Reihenfolge »Privatsphäre«, »Familie« und »Sex«.

Ein paar Wochen später kam Ryan in der Mittagszeit zu mir und setzte sich in den rot gepolsterten Sessel neben meinem Schreibtisch. Er rutschte unruhig hin und her, zupfte an seinen Fingernägeln und starrte auf seine Knie. Nach einer halben Ewigkeit brachte er schließlich heraus, was ihm auf der Seele lag. »Ich bin schwul. Und Sie sind der Erste, dem ich davon erzähle.« »Gut! Ich bin stolz auf dich«, sagte ich und klopfte ihm auf die Schulter. »Dafür hast du sehr viel Mut gebraucht.« Da bemerkte ich, wie die Anspannung aus seinem Körper verschwand. Wir führten noch das ganze Semester lang unsere Gespräche fort, und ich ermutigte ihn immer wieder, seiner Familie und seinen Freunden zu vertrauen und ihnen die Wahrheit zu sagen. Irgendwann tat er das dann auch. Es dauerte eine Weile, aber seine Eltern kamen schließlich ganz gut damit klar.

Es passierte oft, dass Schüler sich mir anvertrauten, und ich nahm dieses Vertrauen ernst, aber ich kannte auch meine Grenzen. Wenn ich das Gefühl hatte, dass jemand in Gefahr war oder dass professionelle Hilfe nötig war, dann sorgte ich dafür, dass die richtigen Leute informiert wurden und dass die betreffende Schülerin oder der Schüler diese Hilfe bekam. Aber meistens ging es darum, dass sie einfach jemanden brauchten, der sie wahrnahm und sich die Zeit nahm, stillzusitzen und ihnen zuzuhören. Die Prioritätenliste war ein wertvolles Werkzeug, das ihnen (und mir) oft half, die Probleme zu identifizieren.

Irgendwie schien das Sortieren der Wörter eine seltsame Macht zu besitzen, wohlgehütete Geheimnisse zu enthüllen und tiefe, unterbewusste Wahrheiten ans Licht zu bringen, oft, bevor die Jugendlichen überhaupt wussten, was geschah. Manchmal griff ich ein Detail auf, einen Hinweis aus ihrer Reihenfolge, und teilte ihnen meine Vermutungen mit. »Woher wissen Sie das?«, fragten sie dann und staunten. »Woher wissen Sie, dass ich Ärger mit meinen Eltern habe?« Oder: »Wer hat Ihnen erzählt, dass ich verliebt bin?« Ihre Listen enthüllten mehr über ihr Leben und die Dinge, die ihnen wichtig waren, als alles, was sie laut aussprachen. Die Liste half ihnen, die Wahrheit über ihr Heute und die Möglichkeiten für ihr Morgen zu sehen. Und bald würde es mir genauso gehen.

*

Mr. Menasche sagte uns, wie wichtig diese Zeit in unserem Leben sei und wie sehr die Entscheidungen, die wir jetzt trafen, unser späteres Leben beeinflussen würden. Er ließ uns spüren, dass eine Menge auf unseren Schultern lag, aber er half uns auch, das Gewicht zu tragen, indem wir Aufsätze verfassten, Fragen stellten, Prioritätenlisten schrieben. Er tat, was er konnte, um uns zum Reden zu bringen, zum richtigen, bewussten Reden, damit wir lernen konnten, wie man erwachsen wird, und damit wir einander zuhörten. Und den Leuten, zu denen wir uns entwickelten, mit jeder Schulstunde ein bisschen mehr.

In der Highschool gab es so viele Erwachsene, die uns unter Druck setzten, Entscheidungen zu treffen, die uns sagten, worauf wir uns konzentrieren sollten und worauf nicht: Freunde, Noten, Geld, Beliebtheit … eine endlose Tirade, in der es nur um ihre eigenen Ideen und »Ismen« ging. Nur wenige Erwachsene zeigten uns die Möglichkeit, vorn anzufangen, in uns selbst, und unsere eigenen Prioritäten zu setzen.

Die Liste zwang uns dazu, uns selbst anzuschauen und uns zu fragen, worauf wir tatsächlich Wert legten. Aber sie tat es auf eine Weise, die uns keine Angst machte und keinen Druck auf uns ausübte. Sie half uns, uns selbst kennenzulernen, damit wir entscheiden konnten, was für eine Art von Erwachsenen wir werden wollten.

Melissa Rey, Coral Reef High School, Jahrgang 2012

*

Ich habe noch eine von meinen Listen, hingekritzelt auf die Rückseite eines Freistundenscheins, den Sie mir mal gegeben haben. Es war die erste Liste von mir, die Sie gelesen haben, und ich bewahre sie in einem meiner Skizzenbücher auf, zusammen mit einigen meiner wertvollsten Notizen und Bilder. Ich habe sogar auf dem College mal eine Semesteraufgabe über Ihre Listen geschrieben und darüber, wie sehr sie mir geholfen haben.

Holly Jean Henderson, Coral Reef Senior High School, Jahrgang 2010

12

Bin ich tot?«, fragte ich.

Eine maskierte Gestalt schwebte über mir im hellen Licht. »Na, was glauben Sie?«

Es war im Winter 2006: Der Chirurg Dr. Arias hatte gerade einen Teil des Tumors entfernt, um Druck von meinem Gehirn wegzunehmen. Er sagte, das diffuse Grad-II-Gliom wäre schon seit Jahren in meinem Kopf gewachsen. Das Schlechte daran war, es hatte keinen Platz und sie konnten es nicht mehr verkleinern als auf Golfballgröße. Das Gute war – und ich hielt das wirklich für eine sehr gute Nachricht –, dass die Operation mich weder umgebracht und auch meine Bewegungsfähigkeit nicht beeinträchtigt hatte. Ich konnte noch gehen und sprechen, und was mich sehr froh stimmte, wenn der Krebs so langsam weiterwuchs wie bisher, dann konnte ich noch einige Jahre ein relativ normales Leben führen. Für jemanden, der gezwungen war, sich mit einem unheilbaren Gehirntumor herumzuschlagen, klang das alles mehr als gut.

Ich konnte es gar nicht erwarten, dass sie mich zurück in mein Zimmer fuhren, damit ich Paula und Jacques sehen konnte. Sie warteten auf mich, meine ewig treue Familie, und sie würden mit mir über die guten Neuigkeiten jubeln. Etwas anderes wartete auch noch auf mich, ich brauchte nur einen Moment, um es durch den Narkosenebel richtig zu erkennen. Ein riesiger, glänzender Luftballon, mit Helium gefüllt, hing an meinem Fußende. Ich konnte nicht viel Spanisch, aber was darauf stand, konnte ich lesen: »Es una niña! – Es ist ein Mädchen!« Ein Geschenk von meinem ältesten Bruder Maurice. Es hatte nur noch diesen einen Ballon im Krankenhausladen gegeben. »Na ja, vielleicht war der Tumor ja ein Mädchen«, witzelte Jacques und brachte uns alle zum Lachen. Nach all den heftigen Wochen hatten wir ein bisschen Leichtigkeit ziemlich nötig.

Nach drei oder vier Tagen überredete ich den Arzt, mich vorzeitig zu entlassen. Ich brauchte nur noch jemanden, der meine Verbände wechselte, und das konnte ich zu Hause ebenso gut selbst machen, sagte ich. Also verpackten die Krankenschwestern meinen Kopf in einem Turban aus Verbandszeug, fuhren mich zum Ausgang und ließen mich gehen.

Am nächsten Montag war ich wieder in der Schule. Die Kids waren gerade aus den Winterferien zurück. Mir war übel und schwindlig, aber das einzige sichtbare Zeichen für das Eindringen der Ärzte in mein Gehirn war eine rasierte Stelle über meinem rechten Ohr, in der die hufeisenförmige Wunde mit der schwarzen Naht zu sehen war. Klingt es seltsam, wenn ich sage, dass dies einer der glücklichsten Tage in meinem Leben war? Ich war genau an dem Ort, an dem ich gerne sein wollte, bei den Menschen, mit denen ich zusammen sein wollte. Die Sonne schien, meine Schüler jubelten mir zu, und ich war wieder in meinem Klassenzimmer. Ich hatte eine Krankheit, mit der ich leben konnte. Wie lange? Darauf gaben mir die Ärzte nur vage Antworten, im Grunde genommen lief es darauf hinaus, dass sie es nicht wussten. Es hing so vieles davon ab, wie der Tumor sich verhielt und ob er nicht doch noch ausrastete. Nun gut. Ich konnte durchaus damit leben, dass mir niemand sagte, wann Schluss war. Das ging doch allen Menschen so, oder?

Für den Rest dieses und des nächsten Jahres lebte ich. Einfach so. Ich fehlte nie in der Schule. Ich wurde Berater für die Ehrenverbindung National Honor Society und Trainer des Hockeyteams meiner Schule. Ich ging mit Paula zu Flohmärkten und kaufte billige Christbaumkugeln und kitschiges Zeug, eigentlich nur, um mir den Spaß zu gönnen, den Preis runterzuhandeln. Wir gingen nach wie vor zu Hockeyspielen und an den Strand und hörten den Bands in unserem Club namens *Churchill's* zu.

Dann, eines Tages im Jahr 2009, bekam ich plötzlich Kopfschmerzen. Ich war in der Schule und bereitete mich auf unseren ersten Abend der offenen Tür in diesem Jahr vor, an dem die Eltern kommen konnten, um die Lehrer zu treffen und die Kurspläne ihrer Kinder anzusehen. Da mussten alle Lehrer da sein, es gab keine Entschuldigung. Und so ein lästiges Kopfweh war kein Grund, zu Hause zu bleiben.

Aber das Kopfweh blieb den ganzen Tag und wurde schlimmer, und als der Abend der offenen Tür begann, konnte ich kaum noch geradeaus sehen. Ich sagte mir, das läge daran, dass ich schon seit zwölf Stunden in der Schule war und nicht zu Abend gegessen hatte – ich hatte zwischendurch keine Zeit gehabt, nach Hause zu gehen. Aber es fühlte sich nicht an wie der normale Spannungskopfschmerz oder Unterzucker. Es war … unerträglich. Dennoch, ich musste dableiben. »Reiß dich zusammen, Menasche«, mahnte ich mich, als ich die Schritte der ersten Eltern hörte, die durch den Flur zu meinem Klassenzimmer kamen.

Als sich das Zimmer gefüllt hatte, begann ich mit

meinen üblichen Begrüßungsworten. »Willkommen zu meinem schlimmsten Alptraum. Ich bin seit heute früh um sieben Uhr hier, und jetzt soll ich die Eltern meiner Schüler beeindrucken.« Der Eisbrecher funktionierte wie immer, alle lachten. Noch zehn Minuten, dann kannst du nach Hause gehen, sagte ich mir und ging auf Autopilot.

Die zehn Minuten fühlten sich an wie eine Ewigkeit. Endlose Fragen der Eltern. Noten. Extrapunkte. Collegeentscheidungen. Ich hielt durch, bis der Letzte aus dem Zimmer war, dann gaben meine Knie nach, und ich brach zusammen. Nicht sprichwörtlich, sondern wirklich, ohne es zu wollen. Ich klappte richtig zusammen.

Nach ein paar Minuten kam Denise an meinem Klassenzimmer vorbei, um zu fragen, wie es gelaufen war, und fand mich, wie ich über meinem Schreibtisch hing. Ich kam allmählich wieder zu mir, aber mein Kopf fühlte sich an, als würde jemand mit einem Vorschlaghammer auf meinem Gehirn herumdreschen. Bumm! Bumm! Bumm!

Denise rief Paula an, und wir fuhren in die Praxis von Dr. Damski. Er sah mich sehr besorgt an, ging sofort in Aktion und untersuchte mich. Dann rief er einen Krankenwagen an, der mich ins zwei Kilometer entfernte Baptist Hospital brachte. Dr. Damski fuhr mit seinem eigenen Wagen hinterher. Minuten nach meiner Ankunft hatte er die Ergebnisse meines neuesten MRT in der Hand. Ich hätte ein Problem, sagte er. Ein ernsthaftes Problem. So ernsthaft, dass ich in unmittelbarer Lebensgefahr schwebte. Ohne eine sofortige Operation würde ich sterben.

Eine Krankenschwester half mir auf eine fahrbare Trage, eine andere schrieb meinen Namen und meine Sozialversicherungsnummer auf einen Zettel, den sie mir auf die Brust klebte. Mit Paula an meiner Seite fuhr ein Helfer mich hektisch am Empfang vorbei und in einen Aufzug. Als er den Kopf für den zweiten Stock drückte und die Aufzugtüren zugingen, flüsterte ich Paula zu: »Ruf Jacques an.« Dr. Damski wartete schon im OP. Als der Anästhesist mir die Kanüle legte und ich spürte, wie ich wegdriftete, fragte ich mich noch, ob ich meine Frau und meinen Bruder jemals wiedersehen würde.

Die Operation dauerte mehrere Stunden, und als sie vorüber war, war Jacques schon da. Er war wegen einer Recherche in Kalifornien gewesen und hatte den ersten Flug nach Miami genommen. Der Arzt sagte, auf dem MRT hätte er ein erschreckendes Bild meines Tumors gesehen, der auf die Größe eines Baseballs, also auf einen Durchmesser von siebeneinhalb Zentimetern, angewachsen war. Mein passiver Tumor war plötzlich aggressiv geworden und drückte so fest auf die Mitte meines Gehirns. Wenn er nicht sofort operiert und den Tumor herausgeschnitten hätte, um den Druck wegzunehmen, dann wäre ich nach wenigen Stunden gestorben. Tatsächlich, so sagte er, hatten die Eltern meiner Schüler Glück gehabt, dass ich ihnen nicht tot vor die Füße gefallen war, während ich mich vorstellte.

Es war erst sechs Monate her, dass ich auf meiner neuen Facebook-Seite die Nachricht gepostet hatte: »David Menasche ist gerade von seinem halbjährlichen Check-up an der Duke University zurück. Sein Zustand ist absolut stabil. Wie schön.«

Ja, wie schön.

Jetzt postete ich ein Foto von mir nach der Operation und ein Update: »Der Bericht der Pathologie ist gekommen. Ich habe jetzt ein hoch aggressives (Grad 4) Glioblastom, die schlimmste Art von Gehirntumor, die es gibt. Ich brauche sofort Bestrahlungen und Chemotherapie. Sechs Wochen lang, jeden Tag. Okay. Und nur damit ihr Bescheid wisst: Die mittlere Lebenserwartung *mit* dieser Behandlung beträgt zwölf bis fünfzehn Monate.«

Minuten später antworteten mir Dutzende von Leuten mit unterstützenden und ermutigenden Worten. Aber was mich wirklich glücklich machte, war die Standpauke einer meiner Schülerinnen. Heather Marie Wilson, ein draufgängerisches Mädchen, das ein Jahr zuvor auf der Coral Reef seinen Abschluss gemacht hatte, hatte mein Update gelesen und den Beiklang von Selbstmitleid wahrgenommen. »Die ganze Woche sagen mir schon alle: Los Heather, geh auf Facebook und sieh dir Menasches Seite an. Schnell! Es ist so traurig. Und jetzt, da ich endlich Zeit finde nachzusehen – hier ist es halb drei Uhr morgens –, bin ich echt sauer: auf Sie, auf die Leute, auf die ganze Situation. Offensichtlich haben die Leute keine Ahnung, womit sie es zu tun haben, und ehrlich gesagt, habe ich das Gefühl, Sie wissen es auch nicht. Ich erinnere mich noch an das erste Mal, als Sie unserer Klasse von Ihrer Krankheit erzählt haben. Wir haben geweint, weil wir uns solche Sorgen um Sie gemacht haben, wir haben uns alles Mögliche ausgedacht, um Ihnen zu helfen, Ihre Schmerzen zu lindern, um Sie NICHT zu verlieren. Ich weiß noch, dass ich an meinem Tisch gesessen und geheult habe. GEHEULT! Und Sie haben mir geradewegs in die Augen gesehen und mir gesagt, ich soll mir keine Sorgen machen. Sie würden nicht weggehen. Es tut mir ehrlich weh, Sie so zu sehen und all die Leute, die deshalb ganz bekümmert sind. Schätzchen, Sie sind noch da! Und Sie werden noch eine ganze Weile da sein! Sie sind doch ein viel zu großer gottverdammter

Kämpfer, als dass Sie ausgerechnet jetzt aufgeben würden! Also, ich muss mich jetzt auf einen Kurs vorbereiten, der um acht Uhr anfängt. Und ich erwarte morgen eine bessere Haltung.«

Ich musste lächeln, als ich das las.

*

Als ich das erste Mal in sein Klassenzimmer kam, war er noch nicht da. Ich war ziemlich nervös, weil ich gehört hatte, dass er Krebs hatte. Inzwischen lebte er seit ein paar Jahren damit, und alle wussten davon. Und da kommt er rein, schwankt ein bisschen, und ich sehe die krasse Wunde an der Seite seines Kopfes. Es sah wirklich erschreckend aus. Er lässt sich auf einen Hocker fallen und schaut die Klasse mit einem breiten Grinsen an und sagt: »Guten Morgen, meine Damen und Herren. Mein Name ist David Menasche, und ja, ich habe einen Gehirntumor.« Einfach so. Und dann machte er weiter und er erzählte uns, dass wir seinen Unterricht genießen würden und dass er viel von uns erwartete.

Jennifer Brewer, Coral Reef High School, Jahrgang 2009

13

Ich bin nicht immer besonders schnell von Begriff, aber das habe ich schnell gelernt: Wenn jemand Ihnen sagt, wie lange Sie noch zu leben haben – oder besser gesagt, wie kurz –, dann verändert das blitzschnell Ihre Prioritäten. Bei mir rückte das Überleben ganz nach oben. Während der nächsten zweieinhalb Jahre saß ich bei zahllosen Ärzten und machte alles, was sie mir sagten, um den Krebs in Schach zu halten. Die Zeit nach dem Unterricht wurde zu einer Routine aus grausigen Chemotherapien und Bestrahlungen. Meiner Ehe tat das alles gar nicht gut. Die Behandlungen erschöpften mich und sorgten dafür, dass mir ständig übel war, abgesehen davon, dass sie mich regelrecht aufblähten und dass ich auf der rechten Seite meines Kopfes die Haare verlor. Ganze Abschnitte meines Langzeitgedächtnisses gingen verloren. Die einfachsten Dinge – wie ich zu der Narbe an meinem linken Knie gekommen war, beispielsweise – waren mir auf einmal ein Rätsel. Familienausflüge nach Disney World oder das blaue Schwinn-Fahrrad, das ich offenbar einmal sehr geliebt hatte, existierten nur noch auf Fotos. Das war gelinde gesagt frustrierend. Meine ersten fünfzehn Lebensjahre waren praktisch weg, netterweise halfen mir meine Familie und Freunde, die Leerstellen mit Geschichten und Bildern wieder aufzufüllen. Je mehr der Krebs mir von meinem Gehirn wegnahm, desto mehr Verantwortung musste Paula übernehmen, damit wir überhaupt klarkamen. Langsam kehrte sich unsere Rollenverteilung um, und ihre neue Unabhängigkeit und meine Bedürftigkeit sorgten für einige Reibung zwischen uns.

Meine Anfälle wurden stärker. Die Medikamente, die ich dagegen bekam, hatten eine entsetzliche Wirkung. Ich bin eigentlich ein eher leidenschaftlicher Mensch, aber wenn ich diese Medizin nahm, verschwanden alle starken Gefühle: Zorn, Traurigkeit, Glück – alles weg. Es fühlte sich an, als hätte man die Kanten meiner Gefühle abgeschliffen. Eines Abends sah ich mir z. B. gemeinsam mit Paula eine Fernsehkomödie an, einen witzigen Film mit dem naheliegenden Titel *Teachers* (dt. *Die Aufsässigen*), mit Nick Nolte und Ralph Macchio. In einer Szene sitzt ein Lehrer scheinbar in die Zeitung vertieft hinter seinem Tisch, vor ihm ein Stapel Aufgabenzettel. Die Schulglocke ertönt, die Schüler kommen rein, nehmen sich jeder einen Zettel und gehen zu ihren Plätzen. Der Lehrer schaut kein einziges Mal auf, und am Ende der Stunde marschieren sie alle wieder an ihm vorbei, legen die Aufgabenzettel vor ihm ab und gehen raus, ohne zu merken, dass der Lehrer tot ist. Paula kriegte sich überhaupt nicht mehr ein. Ich fand ein paar Dialoge ganz lustig, aber im Grunde genommen reagierte ich kaum. Lachen konnte ich darüber jedenfalls nicht.

Weil ich aber nun mal gern Spaß habe, Witze mache, lächle und etwas empfinde, setzte ich die Medikamente ab und ließ mich auf die Anfälle ein. Und ich bekam eine ganz gute Übung darin. Ich konnte vorhersehen, wenn es losging, so dass ich an den Straßenrand lenken konnte, wenn ich Auto fuhr, oder mich entschuldigen und aus dem Klassenzimmer gehen konnte, wenn ich in der Schule war. Normalerweise sagte ich den Kids, ich müsste mal eben kurz einen anderen Lehrer etwas fragen, und blieb dann ein paar Minuten auf dem Flur stehen, bis die Symptome durch waren.

*

Natürlich fiel es mir leicht, zu vergessen, dass er krank war, bis es einfach nicht mehr ging. Eines Tages während meines letzten Schuljahres machte ich einen kleinen Umweg, um ihn in seinem Klassenzimmer zu besuchen. Er unterrichtete die vollen sechs Stunden, und ich wusste, die Arbeit erschöpfte ihn. Als ich in das Zimmer kam, standen ein paar Schüler um ihn herum, die darauf warteten, bis er sich ihnen widmete, um ein paar Fragen wegen eines Aufsatzes zu stellen, an dem sie gerade arbeiteten. Er schien sich zu freuen, mich zu sehen, und winkte mich begeistert zu sich. Er freute sich immer, mich zu sehen, selbst an schlechten Tagen. Und selbst wenn er wirklich keine Zeit für mich hatte, tat er so, als hätte er doch welche, und hörte mir zu. Manchmal ging ich auch nur in sein Klassenzimmer, um zu sehen, ob ich ihm irgendwie helfen könnte. Und heute war so ein Tag.

»Kann ich was tun?«, fragte ich.

Er nahm mich ein paar Schritte zur Seite, und weil ich ihn mittlerweile so gut kannte, wusste ich sofort, dass etwas nicht stimmte. »Du musst dich für mich um sie kümmern«, sagte er.

Ich war leicht verwirrt. »Was soll ich tun?«, fragte ich.

»Ihre Fragen beantworten«, erwiderte er. »Schau mal, was sie brauchen.«

»Ach so, ja, klar.« Tja, wenn das so einfach ist, dachte ich sarkastisch.

Er muss meine Verwirrung bemerkt haben, denn er fügte schnell hinzu: »Ich kriege gleich einen Anfall.« Und dann ging er mit raschen Schritten zur Tür hinaus.

Ich tat, worum er mich gebeten hatte, und ging zu jedem seiner Schüler, um zu sehen, ob ich die Fragen beantworten konnte. Nach einer Minute oder so kam er wieder herein. Zum ersten Mal sah ich ihn, wie er wirklich war: ein schwerkranker Mann. Seine Unterlippe hing rechts ein wenig herunter, und er wischte sich mit dem Ärmel Spucke aus dem Mundwinkel. Dann lächelte er mich an und machte weiter mit seinen Schülern. Nach dem Unterricht wartete ich auf ihn. Als ich ihn fragte, was da passiert sei, wiegelte er ab. »Es war nichts«, sagte er. Und dann sprach er über die Prüfungen, die in ein paar Wochen stattfinden würden. Natürlich würde er nicht zulassen, dass seine Krankheit der Entwicklung seiner Schüler im Wege stand.

Melissa Rey, Coral Reef Senior High School, Jahrgang 2011

*

Ich glaube, das Schlimmste an der ganzen Behandlung waren die MRTs. Mein Gehirn wurde häufiger fotografiert als Lady Gaga. Die Ärzte hatten festgelegt, dass ich alle zwei Monate untersucht werden musste, damit sie die Tumoraktivität ständig im Blick hatten. Ich ging also ins Krankenhaus, ließ mir Blut abnehmen und legte mich dann auf einen Tisch, der in eine enge Röhre geschoben wurde, die Wand etwa acht Zentimeter über meiner Nase. Wer da drin keine Platzangst kriegt, der ist immun dagegen. Zwei Stunden und neun Minuten (ich habe nie aufgehört mich zu fragen, wofür sie die neun Minuten brauchten) musste ich absolut still in dieser Röhre liegen, während die Maschine mit lautem Scheppern ihre Arbeit tat. Ich konnte mich nicht denken hören, und ich konnte mich nicht räuspern oder kratzen, weil selbst die kleinste Bewegung zur Folge hätte, dass alles noch mal von vorn losging.

Mir graute vor dem MRT. Als ich das erste Mal in dieser Maschine lag, injizierten sie mir nach der Hälfte der Zeit eine radioaktive Flüssigkeit, und ich musste mich sofort übergeben. Das Erbrochene brannte in meiner Kehle, stieg mir in die Nase und lief mir in die Ohren und Augen, während ich dalag und versuchte, mich nicht zu bewegen. Krebs ist eh schon zum Kotzen. Aber in einer Röhre zu liegen, ohne sich bewegen zu können, mit Kotze im Gesicht, das ist echt die Höhe.

Irgendwann lebte ich nur noch von einer Untersuchung zur anderen. Sie zeigten mir, was für winzige Veränderungen in meinem Gehirn vor sich gingen. Im besten Fall konnte ich hoffen, dass der Tumor sich nicht rührte. Jede Veränderung jedoch war schlecht, und so verbrachte ich die zwei Monate zwischen zwei Untersuchungen in einem Zustand andauernden Grauens und fragte mich, ob ich wohl noch mal zwei Monate hätte. Jedes Mal, wenn die Krankenschwester anrief, um mir zu sagen, der Tumor sei stabil, vollführte ich einen kleinen Glückstanz.

Die Ärzte glaubten natürlich, die Behandlung hielte mich am Leben, aber ich wusste es besser: Mein Beruf brachte mich durch die Tage. Meine Schüler waren meine Lebenskraft, mein Atem, das Blut, das durch meine Adern strömte. Ich konnte den Krebs nur schlagen, solange ich nicht zuließ, dass er mich daran hinderte, das zu tun, was ich liebte.

Ich fuhr fort damit, mich ganz und gar in meine Arbeit zu stürzen und jeden Moment zu genießen, den ich mit meinen Schülern verbrachte. Ich feierte ihre Leistungen und schob sie noch mal so stark an, wenn ich wusste, dass sie es schaffen konnten. Unsere Zeit war kostbar, und ich musste das Beste aus ihr herausholen. Ich war entschlossen, unsere Verbindung über das Lernen und unsere Wertschätzung und den Respekt füreinander aufrechtzuerhalten, nicht über meinen Krebs. Ein Klassenzimmer ist ein Ort der Entdeckungen, und wir lernten dort miteinander so viel wie möglich über die Bedeutung des geschriebenen Wortes und des Selbst-Ausdrucks. Aber das Klassenzimmer war auch der Ort, an dem wir Menschlichkeit übten und gesunde Beziehungen pflegten. Ich wollte die Menschen um mich herum prägen, solange ich konnte, und neue Erinnerungen schaffen, die die Lücken in meinem Gehirn auffüllten.

Indem sie diese kostbaren Augenblicke mit mir teilten, indem sie mir halfen, diesen Erinnerungen Bedeutung zu geben, schenkten mir meine Schüler – ohne es wirklich zu wissen – den Willen zum Überleben.

14

Eines Abends nach einer Runde Chemo saß ich allein zu Hause auf meiner Couch, zappte mich durch die Fernsehsender und wünschte mir jemanden, mit dem ich reden könnte. Paula telefonierte wieder einmal mit ihrer Mutter, und ich wusste, das konnte noch eine Weile dauern. Ich weiß nicht, woher der Drang kam und warum er gerade da kam, aber ich schnappte mir ein Blatt liniertes Papier und einen meiner Lieblingsstifte und fing an aufzuschreiben, was mir wichtig war. Meine Prioritätenliste.

Zum ersten Mal nahm ich mir Zeit dafür und war gespannt, was dabei herauskommen würde. Auf Platz eins setzte ich *Freundschaft,* gefolgt von *Bildung, Unabhängigkeit* und *Respekt.* Weder *Ehe* noch *Liebe* rangierten auf den vorderen Plätzen. Ungläubig starrte ich auf das Blatt, verblüfft von meiner eigenen Ehrlichkeit. Paulas Lachen war aus dem Schlafzimmer zu hören, und ich dachte kurz darüber nach, wie wohl ihre Liste aussehen würde. Bei ihr würde *Familie* ganz oben stehen, das war klar. Ihre Mutter und ihre Schwestern waren die wichtigsten Menschen in ihrem Leben. Ich war ziemlich sicher, dass sie danach Karriere, Bildung und Tiere setzen würde, in dieser Reihenfolge. Unsere Hunde Milo und Lucy und unsere Katzen Zoe, Norah und Betty waren ihre Ersatzkinder. Wo ich wohl auf dieser Liste vorkommen würde?

In den letzten Jahren hatte ich bemerkt, wie unsere Beziehung Risse bekam. Der Krebs hatte uns nicht näher zusammengebracht, sondern stand wie ein Eindringling zwischen uns. Oder vielleicht hatten wir uns einfach auseinandergelebt, und der Krebs war der Spiegel, der uns nicht mehr gestattete, so zu tun, als hätten wir nichts gemerkt. Als ich da allein auf der Couch saß, einsamer als je zuvor in meinem Leben, fragte ich mich, wann sich unsere Prioritäten wohl verändert hatten. Wann hatten wir aufgehört, Schülerarbeiten zusammen zu benoten und Hockey anzuschauen? Oder zu Kunstausstellungen zu gehen? Oder die Nachbarschaft nach Garagenflohmärkten abzusuchen? Wann hatte Paula damit angefangen, jeden Abend nach dem Essen zu telefonieren? Und wann hatte ich damit angefangen, länger in der Schule zu bleiben und freiwillig Arbeitsgemeinschaften zu beaufsichtigen, die mir jede Menge Wochenenden klauten? Wann hatte ich ihr zuletzt gesagt, wie sehr ich sie schätzte? Und wann hatten wir uns das letzte Mal so richtig geküsst?

15

»Müßiggang ist aller Laster Anfang«, lautet ein zeitloses Elternsprichwort, aber meine Mutter hat es nie benutzt, weil ich als Kind eigentlich nie stillstand. Wenn ich nicht auf der Straße Fußball spielte oder Fahrrad-Ritterturniere mit Besenstielen als Lanzen ausfocht, fuhr ich Skateboard. Immer wieder fuhr ich mit einem kreischenden Geräusch meine Kurven, bis meine Mutter mich ungeduldig zum Essen hereinrief. Fünfzehn Jahre später hatten sich meine Spiele verändert, aber mein Energiepegel war immer noch der gleiche. Man kann das Arbeitsethos nennen oder mich als Workaholic bezeichnen, ich würde beides als Kompliment betrachten.

Aber das Schuljahr 2011/12 war selbst nach meinen Maßstäben anstrengend. Ich war zwölf Stunden pro Tag in der Schule, unterrichtete, betreute Schüler, nahm an Konferenzen teil, beriet und beschützte; dann fuhr ich nach Hause, korrigierte Arbeiten und machte Unterrichtspläne, bis ich endlich ins Bett fiel. Daneben ging ich zu meinen Behandlungen: zweimal in der Woche radioaktive Injektionen, die mich in apathischen, von Übelkeit geschüttelten Matsch verwandelten.

Irgendwie hatte ich mich trotz allem an mein neues Leben gewöhnt. Ich ging mit meinen Symptomen so lässig um wie andere mit einer Rotznase. Ich lief in die Schultoilette, kotzte, spülte, putzte mir die Zähne und eilte wieder zurück in die Klasse, das alles in unter drei Minuten. Natürlich waren die Auswirkungen der Krankheit und der Behandlungen lästig, aber im Grunde fühlte ich mich gesund. Ich wurde sogar zum »Lehrer des Jahres« in Süd-Florida gewählt, im Wettstreit mit Tausenden anderen Lehrern. Für mich fühlte es sich so an, als könnte ich ewig so weiterleben.

Das änderte sich am 10. Juli.

Paula war gerade in Vermont und besuchte ihre kranke Mutter. Abends ging ich zu New Wave Billiards in der 107th Avenue in Miami, um meine Freundin Adrianna zu treffen. Als ich ankam, war Adrianna schon da. Wir bezahlten für ein Billardspiel, holten uns zwei Bier und suchten uns einen Tisch. Das erste Spiel gewann ich haushoch. Beim zweiten Spiel war es schwieriger – Adrianna verlor nicht gern –, aber ich bekam es wieder hin. »Noch eins?«, reizte ich sie. Adrianna nickte leicht. »Wahrscheinlich habe ich eine masochistische Ader«, sagte sie.

Aus der Musikbox kam Bob Dylans »Brownsville Girl«, und ich machte mich bereit, entschlossen, auch das dritte Spiel zu gewinnen. Ich nahm meinen Queue und rieb die Spitze dramatisch mit Kreide ein wie Paul Newman in *The Hustler (dt. Haie der Großstadt).* Als ich den Queue aufsetzte, tanzten plötzlich weiße Punkte auf dem grünen Filz, und mein Arm schoss wie von selbst nach vorn. Ich sah, wie die Weiße peinlich an den Kugeln vorbeirollte und ziellos von der Bande zurückprallte. Ich bildete mir ein, die Punkte wären nur Spiegelungen der Neonlampe über dem Tisch, und dachte nicht groß darüber nach. Adrianna lachte, und wir machten weiter. Als ich mich für den nächsten Stoß bereitmachte, fühlte ich mich auf einmal ganz benommen und schwindlig, so ähnlich wie nach einer Achterbahnfahrt.

Ich stand da und wartete, dass ich mein Gleichgewicht wiederfand, und der Queue fiel mir aus der Hand. Ich bückte mich, um ihn aufzuheben, und sah die tanzenden Punkte jetzt auf dem Fußboden. Langsam wurde ich nervös. »Irgendwas stimmt da nicht«, sagte ich zu Adrianna. Ich versuchte den Queue mit der linken Hand aufzuheben, aber es gelang mir nicht. »Was ist los?«, fragte sie mit besorgtem Blick. Ich zitterte. »Ich fühle mich nicht gut«, sagte ich. »Ich glaube, ich gehe nach Hause.« Adrianna folgte mir zur Tür. »Ich fahre hinter dir her«, sagte sie.

Ich setzte mich ans Steuer meines Wagens und fuhr die 8th Street hinunter, denselben Weg, den ich jeden Tag nahm, wenn ich Paula zur Schule brachte. Unser Haus lag nur sieben Kilometer entfernt. Ich warf einen Blick in den Seitenspiegel, dann wechselte ich von der mittleren auf die linke Spur, um abzubiegen und krachte mit voller Wucht in einen Abschleppwagen, der neben mir herfuhr. Ich hatte ihn nicht gesehen. Wie in aller Welt konnte ich einen Abschleppwagen übersehen?, fragte ich mich. Adrianna hielt am Straßenrand, während der Abschleppfahrer und ich den Schaden inspizierten. Sein Wagen war in Ordnung, aber die linke Seite meines Autos sah aus wie Hackfleisch. »Tut mir leid, meine Schuld«, sagte ich bedrückt. Er winkte ab: »Kein Problem, Mann!«, stieg ein und fuhr weiter.

Auch ich setzte mich zurück ans Steuer und fuhr, Adrianna immer noch hinter mir, die paar Häuserblocks bis nach Hause. Dann rief ich Paula bei ihrer Mutter an. Ich war noch ziemlich erschüttert, als ich ihr erzählte, was passiert war. »Ich habe extra geschaut«, sagte ich. »Aber ich habe keine Lichter gesehen. Ich habe gar nichts gesehen. Man konnte den Wagen eigentlich nicht übersehen, aber ich bin einfach in ihn reingefahren.«

Paula schlug mir vor, zum Augenarzt zu gehen, und ich war wütend, dass sie mir nicht anbot, sofort nach Hause zu kommen. Am nächsten Tag verließ ich gegen Mittag das Haus. Ich ging an meinem Auto vorbei, das in der Einfahrt stand und im hellen Sonnenlicht noch viel schlimmer aussah, und machte mich auf zu dem kleinen Einkaufszentrum, wo der Augenarzt seine Praxis hatte. Aber wo waren nur die pastellfarbenen Häuser der Umgebung auf einmal geblieben? Die Carports? Meine Nachbarn? Ich starrte nach vorn und konnte nichts davon sehen. Da wurde mir klar, dass meine Welt ganz plötzlich auf das Band des Gehwegs direkt vor mir geschrumpft war. Seitlich davon sah ich: nichts.

Ich erklärte dem Arzt meine Krankheitsgeschichte und erzählte ihm von dem Unfall. Er machte eine, wie er sagte, Sehfelduntersuchung mit einer Brille und einem schüsselähnlichen Instrument, bei der man immer dann auf einen Knopf drückte, wenn man etwas aufblitzen sieht. Die Ergebnisse waren auf einem Computerausdruck abzulesen. »Das ist ihr gesamtes Sehfeld«, sagte er und sah mich ernst an. Er zeigte auf ein Diagramm, das aussah wie ein Kuchen. Die linke Seite des Kuchens war vollkommen leer. »Das heißt, die Blitze auf dieser Seite haben Sie überhaupt nicht gesehen«, erklärte er. Auf der anderen Seite war mehr los, dort gab es ein dunkles Tortenstück, etwa die Fläche von zwölf bis zwei Uhr. Ich hatte achtzig Prozent meiner Sehfähigkeit verloren.

Ich ging nach Hause, vollkommen fertig, mein linker Arm hing herunter wie eine zu lange gekochte Nudel, den linken Fuß zog ich nach. Der Krebs gewann immer mehr die Oberhand. Allmählich wurde es Zeit, dass ich ihn ernst nahm. Nach weiteren wochenlangen Untersuchungen schlossen die Ärzte, dass ich in der Billardhalle einen Anfall gehabt hatte – deshalb die weißen Punkte. Der Anfall hatte eine Schwellung in meinem Gehirn verursacht, und die Schwellung hatte sofort einen ernsthaften neurologischen Schaden angerichtet. In der Zeit, die ich gebraucht hatte, um einen Billardstoß zu machen, hatte ich den größten Teil meines Sehvermögens und etwa die Hälfte der Kraft in meiner linken Seite eingebüßt.

»Und jetzt?«, fragte ich.

In den nächsten paar Wochen bekam ich Steroide, um die Schwellung in meinem Gehirn zu reduzieren, und konnte nur hoffen, dass die Medikamente Wunder wirkten, bevor die Schule im Herbst wieder losging. Obwohl die Behandlung noch schlimmer war als die zornigen Botschaften meines Tumors, motivierte mich der Gedanke an die Schule zum Weitermachen. Als sich herausstellte, dass sich nicht viel tat, fragte ich den Augenarzt, ob es irgendeine Hoffnung gab, dass ich wieder richtig sehen könnte. »Hoffnung gibt es immer«, sagte er unverbindlich. »Aber ich denke eher, Sie sollten sich daran gewöhnen.« Das klang nicht hoffnungsvoll. Die anderen Ärzte gaben ihm recht: Noch so ein Anfall und ich würde vielleicht auch den Rest meines Sehvermögens verlieren und zudem vollständig gelähmt sein.

Was sollte das denn heißen? Blind? Gelähmt? Es war unvorstellbar. Ich versuchte einfach nicht darüber nachzudenken. Ich wusste nur, ich wollte wieder arbeiten. Meine Schüler brauchten mich, und ich brauchte sie. Wir hatten noch so viel vor, und ich war bereit dazu. Ich hatte sogar schon das neue Schuljahr geplant,

Lektionen ausgebaut, die sich als wirkungsvoll erwiesen hatten, und einige rausgeschmissen, die nicht funktionierten. Zusätzlich zu *Fänger im Roggen, Einer flog über das Kuckucksnest* und *Siddartha* hatte ich beschlossen, ein paar Theaterstücke ins Unterrichtsprogramm aufzunehmen: Arthur Millers *Tod eines Handlungsreisenden* und Tennessee Williams' *Endstation Sehnsucht.* Vielleicht könnten die Kids ein paar Szenen spielen. Für den anderen Kurs hatte ich Auszüge aus Dave Barrys demnächst erscheinendem Buch *Insane City* (dt. *Miami Weiß*) ausgewählt, mit denen sich die Schüler identifizieren konnten, weil es im Süden von Florida spielte. Ich hatte sogar ein paar neue literarische Poster für mein Klassenzimmer aufgetrieben und mir ein neues Paar Doc Martens gekauft, das ich am ersten Schultag tragen wollte.

Jetzt musste ich nur noch diesen Rückschlag überwinden und den Rest des Sommers überstehen.

16

In diesem August machte ich eine Familienkreuzfahrt nach Mexiko, um meinen vierzigsten Geburtstag zu feiern. Die Reise war schon seit Monaten geplant, aber das Timing war furchtbar. Ich lernte gerade, mir nur mit der rechten Hand die Schuhe zuzubinden, die Zahnpastatube aufzuschrauben und meine Hosen zuzuknöpfen. Jeden Tag wurde ich wieder daran erinnert, was ich nicht mehr tun konnte. Und wer ich nicht mehr sein konnte. Ich war nicht mehr ich selbst. Bisher hatte ich immerhin so tun können, als wäre ich der alte David, indem ich meine Krankheit versteckte, zur Toilette rannte, um mich zu übergeben, oder einen Hut aufsetzte, um die Narbe an meinem Kopf zu verdecken. Jetzt zog ich ein Bein nach, und mein Arm hing schlapp herunter. Keine Chance mehr, zu verbergen, dass mit mir ernsthaft etwas nicht stimmte. Ich glaube, was mich am meisten runterzog, war der Blick in den Spiegel. Mit dem Rest an Sehvermögen, das ich in meinem rechten Auge noch hatte, sah ich nur die Hälfte von meinem Gesicht und Kopf, und was ich da sah, war fremd und beunruhigend, aufgedunsen und kahl.

Ich hatte gehofft, ich würde vor der Kreuzfahrt wenigstens einen Teil meines Sehvermögen und meiner Beweglichkeit wiedererlangen. Aber in den Wochen nach dem Anfall hatte ich keine Verbesserung gespürt, und sämtliche Einschränkungen vergrößerten sich noch auf dem Schiff. An einem fremden Ort zu sein, mit dreitausend Leuten, die um mich herumwimmelten, warf ein grelles Licht auf meine Hilflosigkeit. Es war schon schwierig genug gewesen, eine vertraute Straße hinunterzugehen, um zum Augenarzt zu gelangen. Auf dem Schiff musste ich mit Gängen klarkommen, die so eng waren, dass man sich an die Wand drücken musste, um jemand anderen vorbeizulassen; und ständig rempelte ich Leute an oder stolperte über Dinge, die ich nicht gesehen hatte. Die Böden waren glatt von der Gischt und den Tropfen, die nasse Passagiere hinterließen, wenn sie zwischen dem Pool und ihren Kabinen hin- und herliefen. Selbst körperlich fitte Mitreisende rutschten aus. Für mich war das alles die reinste Hölle, ständig fiel ich hin und musste mich bei vollkommen fremden Leuten dafür entschuldigen, dass ich gehbehindert und fast blind war.

Meine arme Familie. Mein Bruder Jacques hatte mit der Planung der Reise im vergangenen Frühjahr begonnen, Monate vor meinem Anfall in der Billardhalle. Seit mehr als zwanzig Jahren träumte meine Mutter von einem Urlaub mit der ganzen Familie – seit den achtziger Jahren, als Jacques von Miami nach New York gezogen war. Als wir das letzte Mal alle zusammen auf Reisen gegangen waren, war ich zwei Jahre alt gewesen, und wir hatten uns in den Familien-Van gequetscht und waren nach Tennessee gefahren, in die Great Smoky Mountains. Mein vierzigster Geburtstag schien der perfekte Anlass, um Moms Traum wahr werden zu lassen. Wenn ich in letzter Sekunde abgesagt hätte – das hätte ihr das Herz gebrochen.

Also waren wir alle da: Paula und ich, Jacques und seine Familie, Maurice und seine neue Freundin Robin und meine Eltern. Saßen auf dem Kreuzfahrtschiff *Imagination,* um vier tolle Tage im Las-Vegas-Stil auf See zu verbringen, mit Neon und Glitzerwelt. Mom leuchtete förmlich, als das Schiff aus dem Hafen von Miami fuhr. Und ich wollte ihr das Erlebnis wirklich nicht verderben.

An unserem ersten Tag auf See rannte ich auf dem Weg zu meiner Kabine in einen Reinigungswagen mit hoch aufgetürmten Laken, Handtüchern und Toilettenartikeln. Ich hatte das Ding einfach nicht gesehen. Es sprang vorwärts, ein Eimer mit Wischwasser flog durch die Gegend, das Wasser klatschte auf Wände, Fußboden und alles, was auf dem Wagen war. Der Typ, der ihn schob, stöhnte etwas von wegen »Aufpassen, wo du hinläufst«, und ich konnte ihm keinen Vorwurf machen, dass er sich ärgerte. Ich hatte ihm gerade jede Menge Arbeit gemacht. Ich wollte nicht, dass er meinte, ich wäre rücksichtslos, also entschuldigte ich mich schnell. »Hey«, sagte ich, »es tut mir wirklich leid, ich sehe nicht besonders gut.« Keine Ahnung, ob er nickte oder nicht – ich wartete nicht ab, sondern drehte mich um und humpelte davon, irgendwohin. Mir war die Sache so peinlich, dass ich einfach nur weg wollte.

Und das war erst der Anfang meiner Missgeschicke. Es schien, als passierte jedes Mal, wenn ich meine Kabine verließ, ein neues. Als ich versuchte, eine Treppe vom Aussichtsdeck aus hinunterzugehen, stolperte ich und landete schmerzhaft auf meinen Knien. Als ich an einem Kind vorbeiging, schlug ich ihm aus Versehen mit meinem baumelnden linken Arm auf den Hinterkopf. Ein Mann, vermutlich sein Vater, drehte sich um und stellte mich zur Rede. »Hey, was tun Sie denn da?«, fuhr er mich an. Durch mein trübes gutes Auge sah ich, dass er ziemlich aufgebracht war. Er war kräftig, und kurz dachte ich: »Was ist, wenn er mich einfach über

Bord schmeißt?« Ein irrationaler Gedanke, trotzdem hatte ich auf einmal Angst. Früher war ich nicht ängstlich. Ich war damit aufgewachsen, an der Küste von Südflorida zu schwimmen, und während meiner Zeit auf der Highschool hatte ich als Rettungsschwimmer gearbeitet. Aber das war in einem anderen Leben gewesen. Und wieder bat ich um Entschuldigung: »Es tut mir leid, Sir«, sagte ich. »War keine Absicht, ich sehe nicht gut und mein Arm ist quasi gelähmt.« Keine Ahnung, ob er mir glaubte, aber er ging jedenfalls weiter.

Danach hatte ich Angst, überhaupt noch etwas zu unternehmen. Ich war ständig auf der Hut, fürchtete, jemanden anzurempeln oder über einen Liegestuhl zu stolpern oder auf dem nassen Boden auszurutschen, und so verbrachte ich immer mehr Zeit allein in meiner Kabine. Meine Mutter, Gott segne sie, versuchte mich dazu zu bringen, dass ich das Beste daraus machte. Vor der Kreuzfahrt hatten meine Eltern meine Krankheit wohl ziemlich verdrängt. Aber jetzt konnten sie die Wahrheit kaum mehr ignorieren. Jedes Mal, wenn ich meine Mutter anschaute, sah ich die Sorge in ihren Augen, aber sie versuchte immer noch so zu tun, als wäre alles in Ordnung. »Daviid, geh doch mal in den Pool«, sagte sie. »Du bist doch so gern im Wasser.« Oder: »Geh doch mal ins Casino, das macht so viel Spaß.« Ich konnte ihr ja nicht sagen, dass ich Angst hatte, im Pool zu ertrinken, und dass ich befürchtete, die hellen Lichter und der Lärm der Spielautomaten würden einen neuen Anfall auslösen.

Wir standen alle unter erheblichem Druck, Mom zuliebe so zu tun, als ob wir fröhlich und glücklich wären. Paulas Gesicht war ganz starr vor Anspannung, und mein Bruder Jacques lief die meiste Zeit herum und versuchte dafür zu sorgen, dass alle ihren Spaß hatten.

Mein Vater saß währenddessen stundenlang am Pool. Dort konnte er leichter so tun als ob.

Einmal beim Abendessen spürte ich, wie Dad mich beobachtete, während ich mit dem Besteck kämpfte. Ich suchte mir immer Sachen am Büfett aus, die ich entweder mit der Gabel oder mit dem Messer essen konnte, denn beides gleichzeitig konnte ich ja nicht handhaben. Ich spießte ein Stück Fleisch mit dem Messer auf oder rollte mir Spaghetti mit der Gabel auf und schob mir das Essen schnell in den Mund, bevor es mir auf den Schoß fallen konnte. Ich bin sicher, besonders schön sah das nicht aus, und Dad schlug mir vor, eine Kombination aus Gabel und Messer zu entwerfen, wenn wir nach Hause kämen. Eine nette Geste, aber für mich war es nur eine weitere Erinnerung an die Dinge, die ich nicht mehr tun konnte – etwas so Einfaches wie einigermaßen würdevoll essen.

Mit der Zeit drehte ich mich nur noch im Kreis. Ich versuchte zu schlafen, aber meine Gedanken ließen es nicht zu. Ich war ganz aufgedreht von den Steroiden, die mir der Arzt verschrieben hatte, um die Schwellung in meinem Gehirn unter Kontrolle zu halten, und düstere Gedanken gingen mir im Kopf herum. Ich konnte nicht aufhören, darüber nachzudenken, dass ich alles verloren hatte und wie wohl meine Zukunft aussehen würde. Wenn ich überhaupt eine Zukunft hatte. Was mache ich, wenn diese Reise zu Ende ist? Zu Hause sitzen, mit der Fernbedienung in der Hand? Ich hatte so lange versucht, den Kopf oben zu halten, und jetzt enttäuschte ich alle, mich selbst eingeschlossen, mit meiner verdrießlichen Laune.

Eines Nachts, als alle anderen ins Bett gegangen waren, schaute ich Paula an, die neben mir schlief, und dachte an unsere letzte Kreuzfahrt. Das war vor dreizehn Jahren gewesen, 1999, denn wir hatten während einer Alaska-Kreuzfahrt am Fuße des Mendenhall-Gletschers geheiratet. Ich hatte die Hochzeit für den 21. Juni geplant, zur Sommersonnenwende, unter der Mitternachtssonne. Nur Paula und ich, der Friedensrichter und ein paar Inuit, die uns zuschauten und unsere Hochzeitsfotos verschandelten, aber für mich fühlte es sich wunderbar an. Damals waren Paula und ich in jeder Hinsicht Partner gewesen. Wir gingen zusammen schlafen und wachten zusammen auf. Wir hörten dieselbe Musik, lasen dieselben Bücher, genossen die Gegenwart des anderen. Ich ging mit ihr zu JCPenney, um ein Hochzeitskleid auszusuchen, und auf die Innenseite unserer Trauringe ließ ich »Truly. Madly. Deeply. – Wahrhaft. Verknallt. Innig.« eingravieren. So war es lange Zeit, aber jetzt lebten wir uns auseinander.

Als ich so dalag, versuchte ich mich genau zu erinnern, wann sich etwas zwischen uns verändert hatte. Wir hatten uns schon seit ein paar Jahren voneinander entfernt, aber in letzter Zeit fühlten wir uns wie Fremde. Ich wusste, meine Krankheit hatte ihren Tribut gefordert, in finanzieller Hinsicht wie auch im Liebesleben. Ich wusste, es lag zum Teil daran, dass Paula mich seit meiner Diagnose in einem anderen Licht sah – weil ich krank war, aber auch weil ich mich innerlich veränderte. Der Krebs hatte mich emotional und körperlich verändert. Plötzlich hatte ich eine Narbe überm Ohr, Titanschrauben und Metallplatten im Kopf und keine Haare mehr, unter denen ich das alles verstecken konnte. Es fiel mir schwer, mich um die Zukunft zu kümmern oder mich an die Vergangenheit zu erinnern, und so wurde ich geradezu besessen von der Gegenwart. Ich lebte nur noch im Augenblick. Das machte mich unersättlich neugierig, aber auch ungeduldig und ruhelos. Es tut weh, das so zu sagen, aber ich glaube, Paula konnte den neuen David einfach nicht besonders gut leiden. Nie wurde das deutlicher als auf der Reise nach Mexiko. Sie verbrachte den größten Teil des Urlaubs in einem Liegestuhl, wo sie Geschichtsbücher las, die sie für ihren Master-Abschluss brauchte. Wenn ich sie fragte, ob ich ihr Gesellschaft leisten sollte, schlug sie mir vor, später vorbeizukommen, wenn sie noch ein paar Kapitel gelesen hätte. Wenn ich ihr vorschlug, zu einem Büfett zu gehen, sagte sie bestimmt, dass sie auf diese Art Essen gerade keine Lust hätte. Wir gingen zu unterschiedlichen Zeiten schlafen und standen zu unterschiedlichen Zeiten auf. Wenn ich auf dem Aussichtsdeck stand und mir die Sterne anschaute, ging sie mit Maurice ins Casino. Ich konnte ihr keinen Vorwurf machen, dass sie nicht gern mit mir zusammen war. Ich konnte mich ja selbst kaum ertragen, vom Elend meiner Übelkeitsanfälle bis hin zu meiner Rastlosigkeit, die die Medikamente auslösten. Ich hatte gehofft, Paula und ich würden auf See wieder etwas von dem zurückerobern, was wir verloren hatten. Aber leider schien das Gegenteil der Fall zu sein. Unser Bett in der Kabine war so schmal, dass wir uns zwangsläufig berührten, aber ich wusste, sie empfand nicht mehr dasselbe für mich wie früher. Es gab nichts Sanftes mehr zwischen uns, nur noch die scharfen Kanten einer zerbrechenden Ehe. Ich wusste, sie ging dem Ende zu.

Meine Familie tat so, als bekäme sie es nicht mit, aber unsere Beziehung erreichte den Tiefpunkt auf diesem bunten, fröhlichen Schiff. Welch eine Ironie!

Ich hatte sechs Jahre einer brutalen Krebsbehandlung durchgestanden, auch um der Menschen willen, die ich liebte, weil sie mich nicht verlieren wollten. Dabei hatte ich nie Angst vor dem Sterben gehabt, nur vor einem sinnlosen Leben. Jetzt hatte mir – so sah ich das in diesem Moment – der Krebs alles genommen. Mein Wohlbefinden. Meine Würde. Meine Unabhängigkeit. Meine Beziehung. Und was war mit meinem Job? *Wie soll ich überhaupt noch unterrichten?*, dachte ich. Ich konnte nicht mehr Auto fahren, ich konnte nicht mehr lesen, wie konnte ich denn den Anspruch erfüllen, den meine Schüler und ich selbst an meinen Unterricht stellten?

In einem Moment der Panik wandte ich mich an meinen Bruder Maurice. »Was ist, wenn ich meinen Job verliere?«, fragte ich.

Maurice sah mich verwirrt an. »Na ja«, sagte er. »Es ist ja nicht gerade der tollste Job aller Zeiten.«

»Doch, genau das ist er«, sagte ich. »Es ist der beste Job aller Zeiten.«

Am letzten Abend stand ich mit Jacques auf dem Balkon vor seiner Kabine, einer kleinen Außenfläche, gerade groß genug für ein paar Stühle. Wir drückten uns nebeneinander, die Rücken an der Glasschiebetür und die Füße über dem Rand, zwanzig Meter über dem Wasser. Miami war schon zu sehen, und sosehr mir davor graute, in mein Leben dort zurückzukehren, wie auch immer es aussehen mochte – während Jacques und ich da unter dem Sternenhimmel saßen und auf den Ozean blickten, spürte ich, wie meine Stimmung wieder besser wurde. Das Geräusch des Schiffes auf dem Wasser tröstete ich. Solange ich mich auf irgendetwas zubewegte, dachte ich, konnte ich mich auch noch auf etwas freuen. Auf einen Sinn, eine Zukunft. Lange saßen wir schweigend da und hörten dem Schiff zu, das sich durch die Strömung bewegte.

Irgendwann brach Jacques das Schweigen. »Was

wirst du tun, wenn du nicht mehr unterrichtest?«, fragte er und zog an seiner Zigarette.

Ich hatte an Worte gedacht, die dem verstorbenen Tupac Shakur zugeschrieben wurden und die ich mit meinen Schülern so oft geteilt hatte: »Du kannst Minuten, Stunden, Tage, Wochen, ja sogar Monate damit zubringen, eine Situation übermäßig zu analysieren, Bruchstücke zusammenzufügen oder zu rechtfertigen, was hätte passieren können, was passiert wäre … oder du kannst die Stücke einfach auf dem Boden liegen lassen und verdammt noch mal weitermachen.«

»Was ich tun werde?«, fragte ich zurück.

»Ja«, sagte er. »Wenn du nicht mehr unterrichten kannst, was machst du dann?«

»Wahrscheinlich gehe ich auf Reisen«, sagte ich.

»Wohin?«

»Zu meinen Schülern«, sagte ich.

*

September 2012

Coral Reef Senior High
An alle Betroffenen
Betr.: Mr. Menasche

Hallo,
mein Name ist Jessica Packer, ich bin eine ehemalige Schülerin der Coral Reef Senior High School, inzwischen Absolventin der Tufts University. Meine Zeit an der Coral Reef Senior High hat mit zu den besten Jahren meines Lebens gehört: der Campus, die unglaubliche Erziehung, die ich dort bekam, sowohl als Künstlerin als auch als einfache Schülerin, und natürlich die

wunderbaren Mitarbeiter und Lehrer dort. Mit den stärksten Einfluss auf mich hatte ein Lehrer: David Menasche.

Ich lernte Mr. Menasche während meines ersten Jahres kennen – er war mein Englischlehrer. Er hat mich viel über englische Sprache und Literatur und noch mehr übers Leben beigebracht. Seine Fähigkeiten als Lehrer sind bemerkenswert. Er konnte mühelos den Respekt der ganzen Klasse erlangen, weil er uns seine Persönlichkeit zeigte. Die meisten Lehrer bringen ihre Schüler zum Zuhören, indem sie sich mit ihnen anfreunden – ihre komödiantische oder lässige Seite zeigen, um mit uns in Beziehung zu treten. Oder sie schlagen den entgegengesetzten Weg ein und sind extrem streng, um uns Angst einzujagen, damit wir uns gut benehmen. Mr. Menasche war anders.

Er erklärte uns, wer er war, wie er aufgewachsen war und wie er dazu gekommen war, an der Coral Reef zu unterrichten. Er zeigte uns schon am ersten Tag, dass man ihn ernst nehmen musste, indem er jemanden rauswarf, der ihn respektlos behandelte. Aber was am wichtigsten war, er weckte die Leidenschaft seiner Schüler für Literatur, indem er selbst Leidenschaft zeigte. Er war ein wunderbarer Lehrer und Freund. Wenn ich irgendetwas brauchte – einen Rat, jemanden zum Zuhören oder ein bisschen Freundlichkeit –, dann war er für mich da. Er achtete sehr genau auf seine Schüler, und wenn einer von uns nicht bei der Sache war, bemerkte er es sofort und fragte nach, ob es ihm auch gutginge. Er behandelte uns als Erwachsene, übertrug uns Verantwortung und sorgte dafür, dass wir uns erwachsen verhielten. Es fühlte sich gut an, in der Schule jemanden zu haben, der uns so behandelte.

Nach meinem Abschluss 2007 bin ich mit Mr. Me-

nasche in Kontakt geblieben. Ich nenne ihn immer noch so, aus Respekt. Nach wie vor schreibe ich ihm alle paar Monate. Wie Sie vielleicht auf seiner Facebook-Seite sehen können, schreiben Schüler aus vielen vergangenen Jahrgängen immer noch Notizen für seine Pinnwand, um ihm zu sagen, was für einen unglaublichen Einfluss er auf ihr Leben gehabt hat.

Natürlich ist sein Kampf mit dem Gehirntumor ein Grund dafür, dass er so inspirierend auf uns wirkte. Während der gesamten Chemotherapie kam er weiterhin in die Schule und machte seine Arbeit unglaublich gut. Er verhalf uns zu unheimlich guten Englischnoten, was selbst vollkommen gesunde andere Lehrer nicht geschafft hätten. Seine Leidenschaft fürs Unterrichten hat seine Krankheit immer besiegt. Er musste erst blind werden, bevor er sich entschloss, in Rente zu gehen. Keine Chemotherapie, kein Haarausfall, kein Gewichtsverlust, keine Ohnmacht, nicht einmal die ständige Übelkeit hätten ihn dazu gebracht. Was für ein inspirierender Lehrer!

17

Jeden Tag, wenn ich wach wurde, griff ich mit der linken Hand nach dem Telefon, in der Hoffnung, es würde besser gehen, und wenn es nicht besser ging, dann fragte ich mich, ob ich anrufen sollte. Die Antwort kam eines Morgens kurz nach der Rückkehr von der Kreuzfahrt, als meine Hand zu schwach war, um den Hörer zu halten, und meine Augen zu schwach, um ihn auf dem Boden wiederzufinden.

An diesem Tag rief ich in der Schule an und sagte, ich würde nicht zurückkommen. »Es tut mir schrecklich leid. Wir hatten gehofft, es würde Ihnen bald wieder besser gehen. Wenn sich etwas tut, finden wir sofort wieder eine Stelle für Sie.« Ein zweiminütiger Anruf, und das war's. Mein Lebenswerk, mein Grund, jeden Morgen in aller Herrgottsfrühe aufzustehen, alles weg. »Wenn du jemanden vermisst, sagt er dir vermutlich, dass er dasselbe empfindet. Aber ich glaube nicht, dass du mich so sehr vermissen kannst wie ich dich«, hat die Dichterin Edna St. Vincent Millay geschrieben. Als ich das Telefon hinlegte, vermisste ich bereits die Klassen, die ich nie unterrichten würde, die Schüler, die ich nie haben würde. Mein ganzes Erwachsenenleben lang hatte ich es geliebt, zu unterrichten. Das war ich, das war mein Leben.

Paulas neues Schuljahr fing an, und ich verbrachte die Tage im Wohnzimmer vor einem Fernseher, den ich nicht sehen konnte. Gehen tat weh, und ich war im Haus eingesperrt, allein und vollkommen verängstigt. Meine plötzliche körperliche Abhängigkeit von anderen Menschen erschütterte meine Selbstachtung. An den meisten Tagen zählte ich die Stunden, bis Paula nach Hause kam, wie ein Hund, der darauf wartet, dass man mit ihm Gassi geht. Ich war nicht nur gebeugt, ich war total zerbrochen. Der Krebs hatte mir meine Erinnerungen geraubt, meine Unabhängigkeit, meine Freiheit, meine Ehe und jetzt auch noch meine Schülerinnen und Schüler. Was blieb mir denn noch? Die Arztbesuche? Die Behandlungen, die ständige Übelkeit und Müdigkeit verursachten?

Ich ging zu meiner regelmäßigen Untersuchung, und der Arzt sagte mir, meine Nieren würden versagen, nicht vom Krebs verursacht, sondern von der Chemotherapie. Er wollte ein neues Medikament ausprobieren, meinte er, etwas Experimentelles, das zwar ebenfalls Nebenwirkungen hatte, aber die Nieren schonte. »Sie sollten das jetzt machen«, schloss er.

Ich habe keine Ahnung, was es war – vielleicht die herablassende Art, mit der er die Herrschaft über mein Leben übernahm. Jedenfalls spürte ich, wie der alte David zurückkam.

Und ich sagte klar und deutlich: »Nein!«

Der Arzt zögerte und sah mich an. »Aber Sie müssen«, beharrte er mit strenger Stimme. »Sie brauchen dieses Medikament.« Er warf einen Blick auf die Uhr. Meine Weigerung, seiner neuen Behandlung einfach zuzustimmen, passte nicht in seinen Zeitplan, und er war sichtlich verärgert, nach dem Motto: »Tut mir leid, mein Junge, du hast mehr Zeit als ich.«

Woher willst du wissen, was ich brauche?, *dachte ich bei mir. Ihr erzählt mir seit sechs Jahren, was ich alles brauche. Und es funktioniert nicht mehr, inzwischen bin ich ein blinder Krüppel.* Der übliche Plan bei Krebspatienten sieht so aus, dass man so lange alle möglichen Behandlungsschemata ausprobiert, bis der Patient entweder geheilt ist oder tot. Sechs Jahre lang hatte ich mitgemacht. Jetzt war es vorbei. Der Ausstieg aus der Behandlung widersprach allem, was die Mediziner und die meisten Menschen für richtig hielten, aber ich brauchte Freiheit – die körperliche Freiheit von Nadeln, Infusionen und klaustrophobischen MRTs und die intellektuelle Freiheit, mich gegen den Strom zu stellen und endlich aufzuhören. Ich hatte meinen Schülern jahrelang beigebracht, wie man unabhängig wird, und jetzt musste ich den Mut beweisen, meinen eigenen Lehren zu folgen. Ich akzeptierte, dass ich mein Schicksal nicht beeinflussen konnte. Der Krebs würde mich umbringen. Aber ob ich Medikamente nahm, die mein elendes Leben verlängerten, darüber konnte ich selbst entscheiden.

Also?

»Nein«, sagte ich noch einmal und hörte die Überzeugung in meiner Stimme. »Das ist meine Entscheidung.«

Ungeduldig winkte der Arzt ab, als wollte er sagen: »Gut, wenn du dich unbedingt falsch entscheiden willst, dann unterschreibst du damit eben dein eigenes Todesurteil.« Durchaus möglich.

Aber zum ersten Mal seit Jahren fühlte ich mich erleichtert. Frei. Ich erinnerte mich an das Versprechen, das ich mir vor langer Zeit selbst gegeben hatte. Der Krebs hatte mir meine Vergangenheit genommen und würde mir meine Zukunft nehmen, aber meine Gegenwart konnte er mir nicht nehmen. Es war Zeit, diesem Versprechen Bedeutung zu geben.

Als ich in dem kalten Sprechzimmer saß, wurde mir plötzlich bewusst, wie der Rest meines Lebens aussehen musste. Es war an der Zeit, endlich zu leben. Richtig zu leben. Ich habe immer daran geglaubt, dass man erst ein »Warum« zum Leben braucht, dann wird einem zum »Wie« schon etwas einfallen. Für mich bedeutete das, dass ich zu meinen Schülern zurückkehrte. Ich dachte viel über mein Gespräch mit Jacques auf dem Schiff nach. »Was wirst du tun, wenn du nicht mehr unterrichtest?«, hatte er mich gefragt. Und als ich davon gesprochen hatte, durchs Land zu reisen, um meine Schüler zu besuchen, da war es eher ein vager Traum gewesen, das Wunschdenken eines Todgeweihten. Aber je mehr ich darüber nachdachte, desto besser fand ich die Idee. Warum sollte ich das nicht machen? Ich hatte schon andere Herausforderungen gemeistert, viele Male – was sollte mich jetzt aufhalten? Der Krebs würde nicht das letzte Kapitel meines Lebens schreiben. Das konnte ich immer noch selbst tun, vielen Dank. Meine besten Geschichten gründeten auf meinen Erfahrungen mit den Schülern während der letzten fünfzehn Jahre, also würde ich mich jetzt auf den Weg machen, um so viele wie möglich zu besuchen und den nächsten Teil der Geschichte zu hören: ihre Geschichte. Und warum sollte mir der Krebs dabei im Weg stehen?

Ich hatte mich nie einschüchtern lassen, hatte eine rauhe Highschoolzeit durchgemacht und wurde oft bedroht. Ich hatte gewusst, wenn ich den falschen Korridor hinunterging, gab es Ärger. Aber ich ging trotzdem dort entlang. Einmal hatte ich dabei eine ziemlich gewalttätige Bande von Latinos auf mich aufmerksam gemacht. Als ich an ihnen vorbeiging, riefen sie mir nach: »Was machst du hier? Willst du Ärger?« Ich hatte genug ähnlicher Situationen erlebt, um zu wissen, dass jedes Zeichen von Schwäche als Einladung verstanden werden konnte, mich zu verprügeln. Also beschloss ich, es auf andere Weise zu versuchen. Ich setzte mich einfach hin und sagte: »Okay. Bringt mich hier weg.« Es war eine Herausforderung an die Gang und vielleicht die größte Dummheit, die ich bis dahin begangen hatte. Bevor ich auch nur eine Chance hatte, mich zu verteidigen, zerrte mich einer von ihnen über den Boden. Das Ganze kam mir plötzlich so komisch vor, dass ich in lautes Gelächter ausbrach. Die anderen Gangmitglieder sahen sich an. Sie hatten keine Ahnung, was sie mit mir machen sollten. Einer nach dem anderen fingen sie ebenfalls an zu lachen, und schließlich hörte der Typ, der mich durch die Gegend gezerrt hatte, damit auf und setzte sich neben mich auf den Boden.

»Wie heißt du, kleiner Bruder?«, fragte er.

»David«, sagte ich.

»Also hör zu, David«, erwiderte er. »Du bist eine zähe kleine Kröte …«

Wo war eigentlich diese zähe kleine Kröte geblieben? Wieso war die Krebsbehandlung bedrohlicher als eine Gang voller Schläger? Warum konnte ich mich nicht einfach zu Füßen meines neuen Widersachers hinsetzen und ihn herausfordern, mich wegzubewegen?

Ich beschloss, die Behandlung abzubrechen und mich auf die Reise zu machen. Ich hatte meine eigene Behandlungsmethode gegen den Krebs gefunden: glücklich sein und einen Sinn im Leben finden. Es ging nicht darum, wie lange es dauern würde. Es ging darum, wie ich meine Zeit verbrachte. Mein Plan sah so aus, dass ich durch dieses wunderbare Land reisen würde, mir Orte ansehen würde, die ich immer schon einmal hatte sehen wollen, und Menschen besuchen würde, die mein Leben während der fünfzehn Jahre meiner Unterrichtstätigkeit sehr bereichert hatten. Menschen, die ich liebte und die mich liebten – meine Schülerinnen und Schüler. Wir brauchten kein Klassenzimmer, um voneinander zu lernen. Ich würde ihnen Geschichten erzählen und sie bitten, mir ihre zu erzählen. Vielleicht würde ich auf diese Weise ein paar Erinnerungen zurückgewinnen, auf jeden Fall würde ich neue Erinnerungen sammeln. Ich wollte wissen: Hatte ich ihr Leben wirklich beeinflusst? Und wenn ich zurückkommen würde, würde ich mich hinsetzen und über meine Reise schreiben, damit Menschen, die selbst mit Schwierigkeiten zu kämpfen hatten – egal mit welchen –, inspiriert werden würden. Sie sollten erkennen, dass dort, wo es einen Sinn gibt, immer auch ein lebenswertes Leben wartet. Wie wir leben, liegt ganz an uns.

»Du bist ja verrückt«, sagte Paula, als ich ihr davon erzählte. »Wie kannst du eine Reise unternehmen, wenn du nichts siehst und kaum laufen kannst? Und was ist mit deinen Behandlungen?«

»Ich habe aufgehört«, sagte ich.

»Das ist also eine Art Selbstmordkommando.«

»Nein«, sagte ich. »Ich habe nur beschlossen, richtig zu leben, solange es mir noch möglich ist.«

Ich glaube, ich hatte einen Vorteil gegenüber vielen anderen Leuten: Ich glaubte inzwischen wirklich, dass ich sterben würde. Alle meine Ärzte hatten es mir gesagt, und ich hatte die Statistiken über meinen Gehirntumor gelesen. Sechs Jahre, das war ein echter Glücksfall. Ich war schon im siebten Jahr. Mit seinem letzten Schlag hatte mich der Krebs unmissverständlich wissen lassen, dass meine Lebenszeit eine Leihgabe war. Und ich hatte es begriffen. Ich würde sterben. Die meisten Leute denken irgendwie, der Tod betrifft sie nicht. Sie leben, als wäre ihr Leben unendlich. Es gibt immer noch ein Morgen, um sich mit einem Freund zu treffen, die Eltern anzurufen, jemandem zu sagen, dass man ihn liebt. Selbst nach meiner Anfangsdiagnose hatte ich noch so gelebt – als gäbe es noch eine Million Morgen. Aber wenn man wirklich weiß, dass man sterben wird, wenn man darauf vorbereitet ist, dann lernt man zu leben. Eine bittersüße Lektion: Gerade wenn man lernt zu leben, dann stirbt man. Aber darin liegt so viel Schönheit. Plötzlich ist die Sonne am Himmel ein Grund zum Jubeln, und der sanfte Wind auf dem Gesicht fühlt sich fast spirituell an. Wer wir sind, definiert sich nicht mehr durch das, was wir tun, sondern durch das, was wir geben und wie wir lieben. Für mich fühlte sich das an wie ein guter Tod.

Ich begann Freunden von meiner Vision zu erzählen, oder Mission, wie ich es nannte. Abreisedatum war im November. Ich hatte vor, meine Schüler zu bitten, dass sie mich unterrichteten, wie ich sie einmal unterrichtet hatte. Ich wollte sie bitten, mir ganz praktisch bei einer Reise zu helfen, die mich durch Wüsten und über Flüsse und viele Meilen auf den Straßen führen würde. Ich wollte neue Leute treffen und aus erster Hand jenes Amerika erleben, von dem Kerouac und Whitman geschrieben hatten. Ich war nie weiter nach Westen gekommen als bis Illinois, aber ehemalige Schüler von mir lebten in Arizona, Texas, Oregon, Washington und Kalifornien. Vielleicht würde es mir sogar gelingen, einen Traum zu verwirklichen, der mich lange inspiriert hatte: einmal im Pazifik schwimmen.

Sobald der Plan gefasst war, veränderte sich meine Stimmung über Nacht, und als das Gift von all meinen Behandlungen aus meinem Körper verschwand, fühlte ich mich so gesund wie schon seit Jahren nicht mehr. Ich war zuversichtlich, dass mich ein paar Leute während der Reise aufnehmen würden, aber wie konnte ich diese Nachricht zu meinen Schülern transportieren? Mit vielen von ihnen war ich über die Jahre in Kontakt geblieben, aber in meinen Jahren an der Reef hatte ich mehr als dreitausend Schülerinnen und Schüler unterrichtet. Wie konnte ich sie alle erreichen?

Na, wie schon? Ich postete eine Notiz auf Facebook:

»An meine Coral-Reef-Senior-High-Familie: Ich möchte euch allen für die gemeinsame Zeit danken. Ihr habt meinem Leben Stolz, Sinn, Freude, Befriedigung und Bedeutung geschenkt. Es war mir wirklich eine Ehre, ein kleiner Teil eures Lebens zu sein. Bevor jetzt irgendjemandem die Tränen kommen, will ich euch aber auch von meinem Plan erzählen. Ich mache mich auf die Reise. Ich werde per Anhalter fahren, mit Bus und Bahn, trotz Blindenstock und so weiter. Ich werde das ganze Land durchqueren, bis zum Pazifik. Lasst mich wissen, wo ihr seid und ob ich eine Nacht auf eurer Couch schlafen kann.«

Nach achtundvierzig Stunden hatte ich Übernachtungsangebote von ehemaligen Schülern in fünfzig Städten.

»Sie haben ein Bett in Atlanta!«

»Ich bin in Charlotte, NC, kommen Sie jederzeit!«

»Boston College!«

»Ich habe ein Gästebett hier in Virginia. Würde mich freuen, wenn Sie kämen.«

»Mr. Menasche!!! Ich bin in San Francisco. Lassen Sie von sich hören, wann Sie ankommen!«

»Asheville. Wir lassen uns etwas einfallen.«

Der Strom an Liebesbezeugungen und Übernachtungsangeboten war überwältigend. Als ich sie an diesem Abend las, klappte ich fast zusammen, was mir seit meiner Krebsdiagnose nur selten passiert war. Ich weinte Tränen der Dankbarkeit. Die Kids, die ich mit Wissen gefüttert, über die ich geweint und mit denen ich gelacht hatte, wollten ihrem Lehrer etwas zurückgeben – als hätten sie mir nicht ohnehin schon dieses schöne Leben geschenkt.

In den folgenden Wochen verbrachte ich meine Tage damit, meine potenziellen Gastgeber zu kontaktieren, Routen auszuarbeiten und Reisepläne zu schmieden. Meine Freundin Heidi Goldstein eröffnete eine Spendenseite, um Geld für meine Reise zu sammeln. Es war eine schwierige Sache, alles zu planen, aber endlich hatte ich etwas, was mein Blut in Wallung brachte. Ich spürte, wie ich förmlich aufwachte, wie sich der Nebel lichtete. Ich kaufte mir einen Mac und lernte, mit der Stimmerkennung umzugehen und mit einer Hand zu tippen. Ich schaute mir Ausrüstungsgegenstände an, die ich für die unterschiedlichen Klimazonen brauchen würde. Meine derzeitige Garderobe war ganz und gar auf den ewigen Sommer in Florida ausgerichtet, aber ich würde auf eisige Temperaturen treffen, wenn ich nach Minneapolis und Chicago kam, also brauchte ich eine warme Jacke und Handschuhe. Und ich wollte, dass alles in einen einzigen Rucksack passte. Das war gar nicht so einfach.

Der Plan war eine einzige Herausforderung, aber ich wurde ständig von den Nachrichten angefeuert, die Freunde und ehemalige Schüler mir schickten.

Meine Schülerin Nikki Martinez schrieb: »Ich bete, dass ich das Leben meiner Schüler so beeinflussen kann, wie Sie das bei mir getan haben. Danke für alles, was Sie mir beigebracht haben und immer noch beibringen. Ich verspreche, dass jeder Schüler, der mein Klassenzimmer verlässt, Ihren Namen kennen wird und wissen wird, welchen Einfluss Sie auf meine Erziehung hatten. Ein glückliches Abenteuer, mein Freund. Sie sollen wissen, dass meine Gebete und die Gebete vieler anderer Sie begleiten, wohin auch immer Sie gehen.«

Ende September machte ich einen Testlauf. Ich flog nach New Jersey, um einen Freund zu besuchen, und fuhr dann mit dem Zug nach New York, um ein wenig Zeit mit Jacques zu verbringen. Die Reise war eine Katastrophe – in einer U-Bahn-Station fiel ich hin und brach mir einen Arm. Ich dokumentierte das Ergebnis mit einer Nachricht an meine Follower:

Bin gerade von meinem Testlauf nach New York und New Jersey zurück, mit jeder Menge Informationen in Bezug auf Ausrüstung und mich selbst. Was die Ausrüstung angeht, so habe ich gelernt, dass ein Zehn-Kilo-Rucksack doch um einiges schwerer und unhandlicher ist, als ich gedacht hatte. Außerdem habe ich begriffen, dass meine neuen Behinderungen mir mehr Übung, Konzentration und Disziplin abverlangen werden, wenn ich die Reise erleben und genießen will. Zum Beispiel weiß ich jetzt, dass ich nicht so viele Sachen anrempeln und nicht so oft fallen sollte, weil dabei offenbar so etwas wie ein gebrochener rechter Arm herauskommt. Aber das ist in Ordnung, ich wollte sowieso mit dem linken Arm mehr üben.

Wieder gab es jede Menge Unterstützung:

»Beulen und Schrammen sind charakterbildend, machen Sie weiter!«

»Mädels stehen auf Narben!«

»Sie schaffen das, Mr. Menasche!«

Ich versuchte es leichtzunehmen, aber tatsächlich hatten die Erfahrungen auf dem ersten Trip mich ziemlich erschüttert. Wenn ich schon auf einer so kurzen Reise nicht klarkam, bei der ich den größten Teil des Weges per Flugzeug zurückgelegt hatte, wie in aller Welt sollte ich dreißig oder noch mehr Städte im ganzen Land bereisen, und das mit Zug und Bus? Ich tigerte durchs Haus, dachte an all die Hindernisse, die mir unterwegs begegnen würden, und fragte mich, ob es richtig war, Paula und das Haus zu verlassen. Als ich sie gefragt hatte, ob sie mich begleiten würde, hatte sie sich geweigert und gesagt: »Ich glaube, wir haben unterschiedliche Pläne mit unserem Leben.«

Ein paar Tage danach postete eine Schülerin ein Zitat aus *Wer die Nachtigall stört* von Harper Lee auf meiner Facebook-Seite. Sie konnte das nicht wissen, aber es war mein Lieblingszitat aus diesem Romanklassiker: »Ich wollte, dass ihr seht, was echter Mut ist, damit ihr nicht auf die Idee kommt, Mut ist ein Mann mit einer Waffe in der Hand. Mut ist, wenn ihr schon von vornherein wisst, dass ihr keine Chance habt, und trotzdem anfangt und es durchsteht, egal, was kommt.«

Paula hatte recht. Wir hatten unterschiedliche Pläne. Sie wollte bleiben, wegen des Hauses, unserer Tiere und ihres Jobs. Ich wollte mich selbst zurückerobern und gehen.

Meine Mission sollte schon in einem Monat beginnen. Wenn ich jetzt nicht startete, wann dann? Ein besseres Morgen gab es nicht. Mein Bein tat mir weh, aber ich konnte immerhin noch laufen. Wer wusste, wie lange noch? Es war an der Zeit, nicht mehr auf all die Ausreden in meinem Kopf zu hören und die Sache anzugehen.

18

Am Freitag, dem 2. November, genau wie geplant, schulterte ich meinen Rucksack, schnappte mir den Stock mit der roten Spitze, gab Paula einen Abschiedskuss und ging los. Ich wollte den Bus Nr. 42 zum Bahnhof nehmen und in den Zug nach Tallahassee steigen, wo eine Gruppe von Schülern eine Abschiedsparty für mich geplant hatte. Aber ich war zutiefst dankbar, als meine Jugendfreundin Hilary Gerber, die selbst auf dem Weg nach Tallahassee war, um dort Freunde zu besuchen, mir anbot, sie könne mich mit dem Auto mitnehmen. Hilary war in der Highschool meine Freundin gewesen, und wir waren all die Jahre in Kontakt geblieben. Sie ist Ärztin, und an diesem Tag chauffierte sie mich nicht nur, sie kümmerte sich auch um die Entzündung in meinem gebrochenen Arm. Als ich meine Sachen in Hilarys blauen Mazda warf, schaute ich ein letztes Mal auf das Schild, das ich gemalt und ans Geländer unserer Veranda gebunden hatte, mit Worten von Dylan Thomas: »Geh nicht so sanft in jene gute Nacht … nein, wüte gegen des sterbenden Lichtes Pracht.«

Das war also mein Plan. Ich wusste, die Chancen standen nicht schlecht, dass ich unterwegs an meiner Krankheit sterben würde. Die Ärzte hatten mir gesagt, dass ich ohne Behandlung kaum Chancen auf ein Morgen hatte. Und ich würde auf keinen Fall sanft aus dieser Welt gehen.

»Na, wie fühlt es sich an, unterwegs zu sein?«, fragte Hilary, nachdem wir losgefahren waren.

»Toll, aber auch ängstlich«, sagte ich. »Es gibt schon noch eine Menge Unsicherheiten. Aber im Grunde denke ich nur: Endlich! Ich habe so sehr darauf gehofft, so viel geplant und nachgedacht. Bis jetzt konnte ich mir nur vorstellen, wie es sein würde. Jetzt kann ich wirklich was in mein Gedächtnis packen.«

Die Fahrt von Miami nach Tallahassee führt fast 900 Kilometer über Highways. Als wir an der Mautstelle Richtung Norden losfuhren, spürte ich eine Energie wie lange nicht mehr. Selbst wenn ich es nicht einmal bis zu meiner ersten Etappe schaffte, war ich doch aufgebrochen. Ich hatte mich dem Krebs nicht gebeugt.

Hilary musste die ganze Fahrt übernehmen. Etwa auf halber Strecke, in der Nähe von Orlando, beschlossen wir anzuhalten, um etwas zu essen. Aus einer plötzlichen Laune heraus postete ich auf Facebook: »Hey, Ihr alle! Bin in Orlando, im Belle Isle Bayou. Wer kommt, um mich dort zu treffen?« Wir ließen uns für alle Fälle einen Fünfertisch geben. Nach ein paar Stunden war die Party so groß geworden, dass wir das ganze Restaurant in Beschlag nahmen. Beim Blick in die Gesichter meiner ehemaligen Schüler, die jetzt an der University of Central Florida studierten, war ich einfach nur glücklich. Und so postete ich noch später an diesem Abend: »Bis jetzt ist die Reise unglaublich!« Worauf einer meiner ehemaligen Schüler erwiderte: »Worum geht's eigentlich bei dieser Reise? Wollen Sie auf Krebs aufmerksam machen? Und wie machen Sie das mit dem Fahren, wenn Sie doch blind sind?« Das Ganze in einer unmöglichen Rechtschreibung. Ich schrieb ihm zurück: »Nick, ich fahre noch schlechter, als du schreibst.« Erste Lektion:

Man braucht kein Klassenzimmer, um sich als Lehrer aufzuführen.

Am nächsten Tag erreichten wir Tallahassee. Dutzende von Schülern begrüßten mich in einem Club namens Episodes. Er liegt ein Stück die Straße runter von der Florida State University, wo viele ehemalige Schüler der Coral Reef studierten. Als ich reinkam, bemerkte ich, dass sie alle das gleiche T-Shirt trugen. Darauf war ein Foto von mir mit Mundschutz und Stinkefinger bei der Chemo. Darunter stand »David Menasches Mission« und in einem Bogen darüber »Fuck Cancer – Scheiß auf den Krebs«. Genau meine Worte. Es war überraschend kalt an diesem Abend, aber die Liebe in diesem Raum wärmte mich durch und durch.

»Wie geht's denn, Mr. Menasche?«

»Ich kann nicht klagen.«

»Ich vermisse Sie!«

»Und ich euch erst!«

»Sie waren der beste Lehrer, den ich je hatte.«

»Ich habe euch alle geliebt.«

Mitten in der Unterhaltung bemerkte ich eine Frau, die mir bekannt vorkam. Aber ich wusste nicht, wohin ich sie stecken sollte. Nach ein paar Minuten ging ich zu ihr, mit etwa einem Dutzend ehemaligen Schülern im Schlepptau. »Ich bin Jenny«, sagte sie. Ich brauchte genau eine Minute. »Ach, du lieber Himmel! Jenny Armus!«

Jenny hatte ich kennengelernt, als wir beide sieben oder acht Jahre alt waren. Wir besuchten zusammen den Hebräischunterricht bei der Temple-Israel-Gemeinde in Miramar, Florida. Jenny zog weg, als wir in der siebten Klasse waren, kam aber im nächsten Jahr zu Besuch, als Heather Brown Bat-Mizwa hatte, und da hatten wir uns geküsst.

»Den Abend habe ich nie vergessen!«, rief ich, während meine Schüler im Kreis um uns herumstanden.

»Ich auch nicht«, erwiderte sie. »Du warst der Erste, den ich geküsst habe.«

»Der Erste? Ernsthaft?«

»Aber klar«, sagte sie. »Ernsthaft.«

Als ich die Reaktionen der Umstehenden beobachtete, musste ich an einen alten Monty-Python-Film denken, so viel wurde da geknufft und gezwinkert. Sie konnte gar nicht genug davon bekommen, dass ihr alter Lehrer seine Jugendliebe wiedergetroffen hatte, und hingen förmlich an unseren Lippen.

Jenny war an diesem Abend aber nicht die Einzige aus meiner Vergangenheit. Während wir noch mehr Erinnerungen austauschten, betrat Bluebird, mein Nachbar aus Kindertagen, die Bühne, der Rapper geworden war. Und er garnierte den Abend mit jeder Menge peinlicher Geschichten über mich. Zum Glück hatten meine Schüler sie nicht gehört, als ich noch unterrichtet hatte: »Menasche hat den Schuh meines besten Freundes mit einem Feuerwerkskracher gesprengt. Und er hat mich ermuntert, mit dem Skateboard ohne Knieschoner über die Rampe zu springen. Aus irgendeinem Grund hatte er mehr Geduld mit mir als mein Bruder und hat sich Mühe gegeben, mich zu einem harten Kerl zu machen. Er hat sich Boxhandschuhe angezogen und mich durch den ganzen Garten geprügelt. Einmal hat er Kopfkissen mit Klebeband an mir festgemacht, damit ich lerne, wie ich mich gegen Angriffe mit einem hölzernen Ninjaschwert zur Wehr setzen kann. Er war auch eine Art Lehrer für mich, ich habe nur die junge, unzensierte Version kennengelernt.«

Es war ein fantastischer Abend. Als ich in den Club gekommen war, hatte ich mir Gedanken gemacht, wie meine Schüler wohl auf mich reagieren würden. Die meisten hatten mich gekannt, als ich noch ganz gewesen war – ein gesund aussehender Kerl mit voller Haarpracht und kräftigen Schritten, voller Zuversicht. Jetzt humpelte ich und tastete mich mit einem Blindenstock vorwärts. Das Letzte, was ich wollte, war ihr Mitleid. Aber selbst wenn einige von ihnen verstört gewesen waren, mich so verletzlich zu sehen, ließen sie sich jedenfalls nichts anmerken. Ich wurde mit Gesten der Wertschätzung und Liebe förmlich überschwemmt.

Es ging zu schnell vorüber. Bevor es mir richtig bewusst wurde, mussten wir schon wieder aufbrechen. Als ich gerade meine Sachen einsammelte, kam eine Schülerin zu mir gelaufen, das Gesicht ganz rot vor Aufregung. »Mr. Menasche!«, rief sie. »Da ist die Polizei!«

»Ist schon in Ordnung«, sagte ich. »Kein Problem. Ich kümmere mich drum.«

Ich ging raus und stellte mich den Beamten vor, die gerade aus ihrem Streifenwagen ausstiegen. »Stimmt etwas nicht?«, fragte ich. »Nein, Sir«, antwortete der eine. »Mein Name ist Robert. Sie werden sich nicht mehr an mich erinnern, aber vor zehn Jahren war ich mal ein paar Tage in Ihrem Englischkurs. Es war ein Versehen, ich sollte gar nicht dahin. Nach ein paar Tagen hat man mich in den richtigen Kurs versetzt, aber ich habe Sie nie vergessen. Als ich hörte, dass Sie hier sein würden, musste ich einfach herkommen. Würden Sie sich mit mir fotografieren lassen?«

Ich konnte mich nicht mehr an Robert erinnern, aber nach diesem Erlebnis werde ich sein Gesicht nie mehr vergessen.

Als der Streifenwagen wegfuhr, umringten mich meine Schüler auf dem Parkplatz. Keiner von uns wollte, dass der Abend endete, aber ich musste am nächsten Morgen früh aufstehen, um mich auf die Reise zu meinem nächsten Zielort zu machen: New Orleans.

»Hey!«, brüllte ich. »Kann ich bei irgendeinem von euch übernachten?«

Sie alle hoben die Hand.

*

Ich erinnere mich, dass David mich mittags regelmäßig um den Tisch jagte. Wenn ich mich recht erinnere, dann ging es ihm darum, dass ich »quieken« sollte, wenn er mich kitzelte. So hatte ich bald den Spitznamen Squeaky weg. Wenn ich später irgendwo Squeaky genannt wurde, musste ich immer an ihn denken und lächeln.

Ich bin froh, dass ich zu dieser Party gegangen bin, denn da habe ich erst richtig begriffen, was für ein Mann David geworden ist. Ich war glücklich zu sehen, dass er so geliebt und respektiert wird, dass er ein Mensch geworden ist, der das Leben bei den Hörnern packt und nicht einfach vorbeirauschen lässt. Und dass er anderen beibringt, dasselbe zu tun.

Als ich mich von ihm verabschiedete, war mir das Herz sehr schwer. Ich hatte das Gefühl, wir hätten mehr miteinander reden sollen, aber ich war auch dankbar für das kleine Zeitfenster, das wir nach so vielen Jahren geschenkt bekommen hatten. Ich küsste ihn auf die Wange und umarmte ihn zum Abschied.

Jenny Armus, Nova Middle School, Davie, Florida

19

Ich war immer schon neugierig auf New Orleans gewesen, auf diesen Ort, der sich die »Stadt der Südstaaten-Dekadenz« nennt, auf diesen ewigen Karneval mit den besten Jazz-Musikern auf Erden, Gumbo und Jambalaya, Straßenbahnen, dem Mississippi und einer allgemeinen Erdverbundenheit, die schlampige Kleidung und ein großes Kunstevent möglich macht, das sich »Dirty Linen Night – Nacht der schmutzigen Laken« nennt. Mir kam es so vor, als könnte man dort viel lernen. Und es war außerdem meine Chance, endlich dem Ort nahezukommen, an dem Mark Twain seinen *Huckleberry Finn* geschrieben hatte, das Buch, das mich als Junge sehr inspiriert hatte.

Meine ehemalige Schülerin Melissa Gomez, die von New Orleans an die Loyola University gegangen war, bot mir eine Couch in ihrem Haus an, das sie mit drei Mitbewohnerinnen teilte. Ich zögerte erst, weil ich Melissa als hypersensibles, zerbrechliches Mädchen in Erinnerung hatte und sie nicht mit meiner Krankheit konfrontieren wollte. Sie hatte meine missliche Lage zwar auf Facebook verfolgt, aber ich machte mir Sorgen, sie würde nicht gut damit zurechtkommen, wenn ihr ehemaliger Lehrer auf einmal nicht mehr der Fels in der Brandung war. Der Lehrer, an den sie sich so oft gewandt hatte, wenn sie Unterstützung brauchte, von Problemen mit Jungs bis zu den Prüfungen am Schuljahresende. Aber da es bei meiner Mission darum ging, verlorene Erinnerungen zurückzuerobern und herauszufinden, ob ich im Leben meiner Schülerinnen und Schüler etwas bewirkt hatte, nahm ich ihr Angebot dann doch an.

Ich war kaum einen halben Tag bei ihr, als ich auch schon die wertvolle Lektion lernte, dass Menschen sich tatsächlich ändern können. Melissa war von einer unsicheren Schülerin zu einer Frau herangewachsen, die sehr genau wusste, was sie im Leben erreichen wollte.

Außerdem beeindruckte sie mich, weil sie mir auf den Punkt genau sagen konnte, wo und wann diese Veränderung angefangen hatte. »Es begann mit Ihnen«, sagte sie, und sie erinnerte mich an ihr Junior-Jahr, als sie eines Morgens in mein Klassenzimmer reingerauscht war, bevor es klingelte, vollkommen durch den Wind, weil es der letzte Tag war, um die Anmeldungen für das College fertigzustellen, und sie hatte noch gar nicht angefangen. Ich gab den anderen eine Leseaufgabe und setzte mich nach dem Unterricht den ganzen Tag mit ihr hin, füllte die Formulare mit ihr aus und diskutierte über Themen für das Essay, das sie schreiben musste.

»Ich war schrecklich nervös und ängstlich, dass ich nicht gut genug sein würde. Und deshalb habe ich die Anmeldung immer weiter hinausgeschoben. Aber Sie haben mir das Gefühl gegeben, ich sei es wert«, sagte sie. »Das mag unbedeutend klingen, aber ohne dieses Erlebnis wäre ich heute nicht hier.«

Mir wurde klar, dass Melissa eine Suchende geworden war. Sie war das Risiko eingegangen, mit achtzehn von zu Hause wegzugehen und in eine fremde Stadt zu ziehen, wo sie niemanden kannte. Sie hatte sich dort inzwischen ein eigenes Leben aufgebaut und viele Freundschaften geschlossen. Sie war im dritten Jahr an der Loyola und plante, an der Louisiana State University weiterzustudieren, um einen Abschluss in Sozialarbeit zu machen. Das kleine Mädchen, das sich vor seinem eigenen Schatten gefürchtet hatte, war zu einer reifen jungen Frau mit einer sehr altruistischen Haltung herangewachsen. »Ich will mein Leben damit verbringen, anderen Menschen zu helfen, so wie Sie uns allen geholfen haben«, sagte sie. »Deshalb habe ich Sie auch hierher eingeladen. Sie haben mir den Weg gezeigt, und ich wollte etwas tun, um Ihnen bei Ihrer Reise zu helfen.«

Die nächsten paar Tage spielte Melissa Reiseführerin, zeigte mir ihre Stadt, nahm mich mit auf eine Straßenbahnfahrt die St. Charles Avenue hinunter, durch das French Quarter und in die berühmten Jazzclubs an der historischen Frenchmen Street. Aber am meisten berührte es mich, dass sie mich in ihrem neuen Leben willkommen hieß und mir einige bunte Leute vorstellte, die sie inzwischen kennengelernt hatte. Der Interessanteste war ein Mann namens Reverend Goat Carson.

Ich hatte noch nie von ihm gehört, aber in New Orleans gibt es praktisch niemanden, der seinen Namen nicht kennt. Er ist dort eine Legende, lebt in einer schäbigen Hütte mit abblätterndem beigefarbenem Anstrich, in einer Gegend, wo auch noch sieben Jahre nach dem Wirbelsturm Katrina die Ruinen zu sehen sind. Zögernd erzählte mir Melissa, wie sie ihm das erste Mal begegnet war. Ich hielt die Luft an. In ihrem Haus waren seltsame Dinge passiert, Gegenstände fielen von Regalen, Türen schlugen mitten in der Nacht, und Melissa und ihre Mitbewohnerinnen waren irgendwann so weit, dass sie sich davor fürchteten, schlafen zu gehen. Als sie einem Einheimischen davon erzählten, schlug er ihnen vor, zu Goat zu gehen. Er war Medizinmann der Cherokee und Schamane und wusste, wie man Häuser von bösen Geistern reinigte. Die Mädchen folgten seinem Rat, und Goat vollführte ein Ritual, das offenbar wirkte, denn seitdem herrschte Ruhe im Haus. »Ich möchte, dass Sie ihn kennenlernen«, sagte Melissa. »Na, okay«, erwiderte ich. »Ich bin ja immer offen für neue Erfahrungen.«

Goat kam an die Tür, in roten Lederhosen und mit einem roten Cowboyhut auf dem Kopf, der mit glänzenden Kleinigkeiten behangen war. Er sah aus, als hätte er viel erlebt, aber er strahlte auch eine große Wärme aus. Ich war froh, dass ich mitgegangen war.

In Miami trifft man solche Typen wie Goat nicht. Sein Haus erzählte seine Geschichte, lauter Überbleibsel aus seinem Leben, die meisten einfach an die Wand gepinnt. Ein Bild von ihm mit dem legendären Musiker Dr. John. Ein anderes von 1992 zeigte ihn auf einem Podium. Da hatte er als Präsident der USA kandidiert, und sein Kandidat für das Amt des Vizepräsidenten war der Eagles-Gitarrist Joe Walsh gewesen. Sie hatten hunderttausend Stimmen bekommen. Ein Native American Music Award (NAMA) für die beste Sprachaufnahme. Eine Erwähnung seines Beitrags für Dr. Johns Grammy-Album City That Care Forgot. Und was die Aufmerksamkeit des Englischlehrers in mir wirklich erregte: der Umschlag seines Romans Shallow Graves (Flache Gräber): »Ich versuchte meinen Rausch auszuschlafen, als der Smog durchs Fenster hereindrang und mich zum Husten brachte. Es war heiß, viel zu heiß zum Schlafen. Ich versuchte mich zu erinnern, warum ich bis drei Uhr nachts getrunken hatte und auf wessen Beerdigung ich heute gehen musste.«

Ich setzte mich auf eine der Tierhäute, die im Wohnzimmer herumlagen, Goat schnappte sich ein Instrument, das er als seine Harfe bezeichnete – ein Kieferknochen eines Büffels mit selbstgemachten Saiten –, und spielte uns was vor. Einmal verzog er das Gesicht und sagte, er hätte in letzter Zeit immer mal Schmerzen und keine Ahnung, was es sei. Ich erzählte ihm von mir – von dem Krebs und der Reise –, und er gestand mir, dass er auf Testergebnisse wartete, die endlich ans Licht bringen sollten, woher seine Schmerzen kamen.

Bevor ich wusste, wie mir geschah, hatte Goaty, wie ihn seine Freunde nannten, angefangen, ein Reinigungsritual an mir zu vollziehen. Er legte mir eine schimmernde rote Jacke mit großen Schulterpolstern an und verteilte Adler- und Truthahnfedern um mich herum. Dann rollte er eine Mischung aus Marihuana und Salbei in ein Blatt Papier, zündete es an und wedelte damit herum. Das Zimmer füllte sich mit dem Rauch von seinem Joint, wie man es in der Kirche mit Weihrauch tun würde, und er sang in einer Sprache der amerikanischen Ureinwohner. Die Jacke, so erklärte er mir, war meine Rüstung für die Reise. Die Federn waren Talismane, die Böses von mir abwenden und Glück bringen sollten. Der Rauch sollte alle unerwünschten Geister aus meiner Nähe entfernen, und die Gesänge sollten mich reinigen. Wovon? Danach fragte ich nicht, aber ich vermutete, er meinte den Krebs. Jedenfalls hoffte ich das. Danach rauchten wir den Joint zusammen. Ich hatte von den Ärzten an der Duke synthetisches Marihuana verschrieben bekommen, um meine tägliche Übelkeit zu bekämpfen, aber wie so viele andere, die es aus medizinischen Gründen benutzen, hatte ich festgestellt, dass natürliches Cannabis wesentlich wirksamer ist. Goaty sagte, es sei Teil des Rituals. Ich war offen dafür. Wenn dieser Mann mir helfen wollte, wer war ich, dass ich seine Methoden in Frage stellte?

An meinem letzten Tag in New Orleans nahm mich Melissa mit ans Ufer des Mississippi, wo wir lange saßen und redeten. Nach einer Weile erzählte sie mir von einem Mann, mit dem sie eine Beziehung angefangen hatte. Sie hatte ihn getroffen, nachdem er aus dem Drogen- und Alkoholentzug gekommen war. Bis vor kurzem hätten sie eine richtig gute Beziehung genossen, jetzt allerdings hatte sie den Verdacht, dass er rückfällig geworden war. »Was soll ich machen?«, fragte sie mich.

»Wenn er wieder Drogen nimmt, kannst du ihn entweder als Kranken ansehen und versuchen, ihn davon zu überzeugen, dass er wieder Hilfe braucht. Oder du kannst davon ausgehen, dass er es sich selbst ausgesucht hat, und dir einen Besseren suchen«, antwortete ich.

Melissa lächelte. »So einfach ist das, oder? Schwarz oder weiß?«, erwiderte sie.

Ich nickte. »Glaub ich schon.«

»Wenn er wieder angefangen hat, trenne ich mich von ihm«, beschloss sie.

»Kluge Entscheidung«, sagte ich. »Ich bin stolz auf dich.«

»Ich bin ja auch stolz auf Sie«, sagte sie. »Sie kämpfen schon so lange mit dieser Krankheit und sind so tapfer.«

»Danke«, antwortete ich. »Aber ich fürchte, ich bin schon ziemlich weit übers Haltbarkeitsdatum hinaus.«

»Okay«, erwiderte sie. »Aber wie oft haben Sie jetzt schon Ihr angebliches Haltbarkeitsdatum überschritten? Ich sag ja bloß.«

Ich fand es furchtbar, dass sie gerade eine so schmerzhafte Erfahrung machen musste, aber ich war dankbar, dass sie mich auch jetzt noch, da ich nicht mehr ihr Lehrer war, als einen Menschen ansah, bei dem sie sich Rat holen konnte und dem sie vertraute. Vor allem aber war ich froh, dass ich Melissa meine Krankheit zugemutet hatte. Das Mädchen, das ich früher mit Samthandschuhen angefasst hatte, weil ich immer Angst hatte, es würde zerbrechen, war inzwischen eine Frau, stark genug, mir Mut zu machen.

Als die Sonne unterging und ihre orangefarbenen Schatten über das langsam dahinfließende Wasser schickte, schien der Fluss unendlich zu sein. Für Huck Finn und seinen Freund Jim war der Mississippi die Lebensader gewesen, die sie mitnahm in die Freiheit. So fühlte ich mich in diesem Augenblick auch – frei, unterwegs zu meinem Schicksal, mein altes Leben lag hinter mir.

Am Leben.

Ich sag ja bloß.

20

Noch nie hatte ich mich so allein gefühlt wie im Regen irgendwo im Nirgendwo in Alabama, wo ich versuchte, per Anhalter weiterzukommen. Eigentlich gehörte ich gar nicht nach Alabama. Am Tag zuvor hatte mir Melissa freundlich angeboten, mich die guten sechs Stunden von New Orleans zu meiner nächsten Etappe zu fahren, nach Atlanta. Aber irgendwie, keine Ahnung, wie, gerieten wir nach Norden, und im strömenden Regen, in der schwarzen Nacht des Bayou und ohne GPS-Signal, das uns auf den richtigen Weg zurückgeführt hätte, landeten wir sieben Stunden abseits aller Strecken in – ob Sie's glauben oder nicht – Tennessee.

Melissa, die die sieben Stunden nach New Orleans ja wieder zurückfahren und am nächsten Tag außerdem arbeiten musste, brachte mich so weit, wie es möglich war, und setzte mich dann zögernd bei einem billigen Motel an der Straße ab, mit roten, grellen Neonlichtern, irgendwo am Ende der Welt nördlich von Mobile. Inzwischen war es tiefe Nacht, und ich war schon froh, mich endlich hinlegen zu können. Erst am nächsten Morgen bemerkte ich den ekligen Geruch in dem Zimmer und die durchgewetzten Laken, den schmutzigen Teppich und die Zigarettenasche im Waschbecken. Und das war noch nicht das Schlimmste.

Als ich an der Rezeption fragte, wie man von hier weiterkäme, rieb sich die Frau dort die Augen und verschmierte ihren blauen Lidschatten auf ihren Wangen. Dann dachte sie eine Minute nach und sagte, hier gäbe es meilenweit weder einen Bahnhof noch eine Bushaltestelle, und man müsste schon sehr viel Glück haben, wenn man einen Taxifahrer dazu überreden wollte, hier rauszukommen. Ich begriff, was sie mir sagen wollte, schulterte meinen Rucksack, nahm meinen kleinen Rollenkoffer und meinen Blindenstock und stellte mich an die Straße.

Können Sie sich vorstellen, wie beleidigend das ist, die Straße entlang zu humpeln, den Blindenstock in der Hand, den Daumen rausgestreckt – und niemand hält? Wie bedrohlich konnte ich wohl aussehen? Frustriert, müde vom Laufen und mit dem Gefühl, auf einmal ein Landstreicher geworden zu sein, fiel mir plötzlich ein, wie ich mein Schicksal vielleicht wenden könnte. Ich hatte mir angewöhnt, gelegentlich medizinisches Marihuana zu rauchen, um meine Übelkeit zu bekämpfen und mir den Appetit zu erhalten, und in New Orleans hatte mir jemand einen Joint als Reiseproviant geschenkt, den ich vorsichtig in meinen Rucksack gesteckt hatte. Ich dachte mir, vielleicht wäre es eine gute Währung hier an der Straße. Wenn ich damit tatsächlich jemanden zum Anhalten bewegen könnte, dann würde ich die Übelkeit eben aushalten, die ich sonst damit unterdrückte. Während die Autos vorbeizischten, nahm ich den Joint heraus, zündete ihn an und hielt ihn in der Hand anstelle des Daumens.

Es dauerte keine dreißig Sekunden, da hörte ich das laute Quietschen von Bremsen. Ein klappernder Truck rollte am Straßenrand aus, die Beifahrertür flog auf, und ich hörte eine Stimme: »Willst du den teilen?« Als ich es endlich geschafft hatte, mich in die Fahrerkabine hinaufzuziehen, begrüßte mich ein dürrer Typ in den Vierzigern oder Fünfzigern mit einer Baseballkappe über seinen fettigen blonden Haaren. »Teddy«, grinste er und sah den Joint an, der in meiner Hand vor sich hin rauchte. »Daviid«, sagte ich und reichte ihm den Joint. »Nett, dich kennenzulernen, Teddy.« Er nahm einen tiefen Zug, haute den Gang rein und fuhr mit mir los.

Teddy sagte, er müsse nach Pensacola, und ich beschloss, die drei Stunden bis dorthin mitzufahren und dann einen Plan zu machen, wie ich nach Atlanta käme. Er sagte, er säße jetzt seit fünfzehn Stunden am Steuer, und wenn ich mich nicht sehr irrte, war er vollkommen zu. Seine Fingerknöchel waren kreideweiß, so fest hielt er das Lenkrad, und er redete ständig und fletschte die Zähne. *Das ist mit Sicherheit die beste Achterbahnfahrt meines Lebens,* dachte ich. Teddy fuhr weit über der erlaubten Geschwindigkeit, um seinen Liefertermin zu schaffen, und inzwischen regnete es noch mehr, so dass er nicht mehr viel sah. Normalerweise hätte ich mich wirklich gefürchtet, aber nun stellte ich fest, je näher ich dem Tod kam, desto abenteuerlustiger wurde ich.

Teddy fragte nach meinem Blindenstock, und ich gab ihm eine kurze Zusammenfassung meiner Geschichte. Ich fragte ihn nach den Bierflaschen, die um meine Füße herumrollten. »Das ist auch ’ne gute Geschichte!«, sagte er. Das Bier hieß Mickey’s Big Mouth und war nach einem früheren Trucker benannt, erzählte er. Mickey hatte die Schraubflasche mit großer Öffnung erfunden, aus der die Langstreckenfahrer trinken konnten, dann konnten sie reinpinkeln und sie wieder zuschrauben und mussten sich nicht um Stopps an Raststätten kümmern. »Schlaue Idee«, sagte ich und sah mir die Flaschen genauer an. Erst jetzt wurde mir klar, dass kein Bier darin war. Der üble Geruch in der Fahrerkabine kam von der in Flaschen abgefüllten Pisse. Man lernt doch nie aus.

Irgendwann – in Rekordzeit, würde ich sagen – kamen wir nach Pensacola. Ich war ziemlich erschöpft von der wilden Fahrt, bedankte mich aber bei Teddy für seine Gastfreundschaft und kletterte aus seiner Fahrerkabine. Teddy zwinkerte mir zu und nickte. »Hey, Blinder«, rief er noch. »Halt die Augen offen, ja?«

*

Ich weiß, Du bist allein, David. Aber ich weiß auch, dass mein Herz Dich auf Deinen Reisen begleitet und dass meine Gedanken mit Dir von Bundesstaat zu Bundesstaat ziehen. Ich bin stolz darauf, dass Du mein bester Freund warst, und werde unsere gemeinsamen Erinnerungen immer in Ehren halten. Sei stark und glaub daran, dass Du nie wirklich allein bist. Hunderte gehen jeden Tag mit Dir, ich bin nur eine von ihnen. Aber mein Herz ist schwer von Deiner Last. Und mein Geist geht mit Dir, wie Deine Füße durchs Land ziehen. Halt uns alle auf dem Laufenden. Wir wollen wissen, wo Du bist und was Du tust. Schreib mehr. Erzähl uns von Deinen Erfahrungen. Teil sie mit uns. Du wirst geliebt, durch und durch.

Denise Arnold
Englischlehrerin, Coral Reef Senior High School

21

Zu Thanksgiving war ich seit etwa drei Wochen unterwegs. Inzwischen lebte ich seit sechs Jahren mit der Diagnose, und so jährte sich nun nicht nur der Tag, der mein Leben verändert hatte, sondern ich war auch zum ersten Mal an Thanksgiving nicht mit meiner Familie zusammen. Die ganze Bande traf sich wie jedes Jahr zum traditionellen Thanksgiving-Essen meiner Mom bei meinen Eltern, und ich stellte mir vor, wie sie alle um den langen Tisch saßen, der mit Moms bestem Porzellan und Kristall gedeckt war. Dad würde am Kopfende des Tisches sitzen, Mom gleich neben ihm. Meine Brüder und ihre Familien, die Tanten, Onkel und Cousins, würden ebenfalls dort sein. Und Paula.

Ich hatte in letzter Zeit viel an Paula gedacht und mich gefragt, ob sie mich so sehr vermisste wie ich sie. Aber ich fragte sie nicht danach, wenn wir miteinander sprachen. Und ich erzählte ihr auch nicht, dass sie nur ein Wort hätte sagen müssen, und schon wäre ich mit den nächsten Zug zurück nach Miami gefahren. Allerdings sagte sie auch nichts in der Richtung. Sie machte nie eine Bemerkung, dass ihr meine Reise zu lange dauerte oder dass sie mich gern zu Hause hätte oder sich Sorgen um mich machte. Stattdessen sprach sie über ihren Unterricht und die Schüler, und ich erzählte ihr Geschichten von unterwegs.

Am Ende jedes Gesprächs versuchte ich mich selbst davon zu überzeugen, dass wir uns in nichts von anderen Ehepaaren unterschieden. Und selbst wenn, was konnte ich schon machen? Ich wollte nicht darüber nachdenken.

An Thanksgiving war ich in Atlanta bei meiner ehemaligen Schülerin Karla Polo, ihrem Lebensgefährten Eric und ihren zwei Jahre alten Zwillingstöchtern. Wir verbrachten den sonnigen, windigen Feiertagsnachmittag auf dem Spielplatz in der Nähe ihres Hauses, und während ich von einer Bank aus die Zwillinge beobachtete, die auf dem Klettergerüst spielten, fühlte ich mich vollkommen fehl am Platz. Es war ein schöner Familientag voller Drachen, Luftballons und Kinderlachen, und ich war der Einzige ohne Kinder. Ich hatte schon seit unserer Hochzeit Kinder mit Paula haben wollen, aber für sie war es nie der richtige Zeitpunkt gewesen. Als ich jetzt Karla beobachtete, die ihren Kindern etwas zu essen gab, und sah, wie sehr sie ihre Gemeinsamkeit genossen, war ich besonders traurig, dass ich die enge Verbindung zwischen Eltern und Kindern nie erleben würde. Meine Chance auf Vaterfreuden war vertan.

Eric muss bemerkt haben, dass ich vor mich hin grübelte. Er fragte mich, ob ich ein bisschen mit dem Football spielen wollte, und ich stimmte freudig zu. Aber sosehr mir die Vorstellung gefiel, mich auf diese Weise ein bisschen abzulenken, war ich mir doch nicht sicher, wie gut ich mit meinen Behinderungen spielen würde. Es stellte sich allerdings heraus, dass ich mit meinem rechten Arm immer noch ganz gut werfen konnte. Fangen war freilich schwieriger. Jedes Mal, wenn Eric den Ball in meine Richtung warf, prallte er mir an der Brust ab, und jeder Versuch, ihm nachzulaufen, endete in einem peinlichen Taumeln. Es war, als wäre der ganze Tag nur dazu gemacht, mich aus erster Hand spüren zu lassen, was ich alles verloren hatte. Aber vielleicht musste ich das ja tatsächlich lernen.

Am Abend gingen wir zusammen zum Abendessen bei Karlas Schwester Claudia, die ein schönes Haus in einer Gegend hatte, wo die Rasenflächen sorgfältig gemäht waren, die Kinder auf dem Gehweg spielten und jeder genau an der richtigen Stelle parkte. Karlas ganze Familie war da, und ich hörte ihnen schweigend zu, wie sie über Nachbarn und Schulen und Schwiegereltern und ihre Arbeit plauderten – einfache Dinge, die mir zeigten, wie eng sie in ihrem Leben miteinander verbunden waren. Nach dem Essen legten sie ein Video von den letzten Familienferien in Disney World ein. Ich saß still da, ein leidenschaftsloser Beobachter, heuchelte Interesse und dachte insgeheim die ganze Zeit daran, wie gut jetzt Moms selbstgemachte Truthahnfüllung mit Äpfeln und Cranberries schmecken würde. Und dass ich in dieser Runde, so nett und gastfreundlich Karlas Familie auch zu mir war, nicht einmal alle Namen kannte. Was tue ich hier?, fragte ich mich, während die Stimmen von Minny und Micky und fröhlichen Kindern weiter aus dem Lautsprecher dröhnten. Ich fühlte mich, als wäre ich fünfzehn Millionen Meilen von allem entfernt, was ich kannte und liebte. Und so war es ja auch ungefähr.

Mit einem Blick auf die Uhr erkannte ich, dass meine Familie sich jetzt vermutlich zum Essen hinsetzte und dass jeder am Tisch reihum sagte, wofür er in diesem Jahr besonders dankbar war. Ich war für vieles dankbar: für die Entdeckung, dass ich immer noch einen Ball werfen konnte, auch wenn ich ihn nicht fangen konnte. Für den schmalen Streifen meines Blickfeldes, der es mir möglich machte, wenigstens einen Ausschnitt von Menschen und Orten zu erkennen. Für all die Liebe, die mir so viele alte Freunde zeigten, und für die neuen Freunde, die ich unterwegs fand. Ich wollte mir einen Augenblick Zeit nehmen, um meine Familie wissen zu lassen, dass ich an sie dachte, also entschuldigte ich mich und rief bei meinen Eltern in Florida an. Als Mom ans Telefon kam, konnte ich die fröhlichen Geräusche meiner Familie im Hintergrund hören. »Es ist nicht dasselbe ohne dich«, sagte sie. »Wie geht es dir? Wann kommst du nach Hause?« Das Gespräch dauerte nur ein paar Minuten, ich wollte sie nicht zu lange von den anderen entführen, aber lange genug für mich, dass ich meine Familie mehr vermisste als jemals zuvor. Merken!, dachte ich. Nie mehr an Thanksgiving von zu Hause weg sein!

Als wir an diesem Abend wieder bei Karla und Eric zu Hause waren und die Kinder in ihren Betten lagen, saßen wir am Küchentisch und sprachen über das, was gerade in unserem Leben passierte. Eric erzählte, dass er Karla heiraten wollte, sie aber nichts davon wissen wollte. Obwohl die beiden zusammenlebten und zwei Kinder hatten, fürchtete Karla, eine Heirat würde ihr die Identität rauben. Ich versuchte beide Seiten zu verstehen, dachte aber unwillkürlich darüber nach, ob einer von ihnen vielleicht anders empfinden würde, wenn sie den Tod am Horizont sähen.

Als ich Karla und Eric so beobachtete, fühlte ich, dass ich neidisch war auf ihr gemeinsames Leben. Sie hatten einen so innigen Umgang miteinander! Nie hatte ich erlebt, dass Paula mich mit dieser Intensität oder Leidenschaft ansah, die ich in Karlas Augen bemerkte, wenn sie Eric anschaute. Und wann hatte ich Paula das letzte Mal so angesehen, wie Eric das tat?

Es tat weh festzustellen, dass es länger, als mir bislang bewusst war, in unserer Ehe nur noch um Gemeinschaft ging und nicht mehr um Liebe. Ich war mit Paula zusammen, um nicht allein zu sein, weil ich Angst hatte, gute und schlechte Zeiten mit niemandem mehr teilen zu können. Und nun war ich unterwegs, hatte Erlebnisse mit Menschen und an Orten, die ich mir nie hätte vorstellen können, wenn ich nicht aus Florida weggegangen wäre. Ich lebte mit gestundeter Zeit, ich war verheiratet und trotzdem allein. Ich war immer so stolz auf meine Unabhängigkeit gewesen. Ich brauchte niemanden, ich nicht! Karla und Eric dagegen waren voneinander abhängig, und es fühlte sich ganz natürlich und liebevoll an. Demütig musste ich zugeben, dass meine Unabhängigkeit nicht bedeutete, ich würde keine Liebe brauchen. Natürlich brauchte ich Liebe, natürlich wünschte ich mir Liebe in meinem Leben.

An meinem letzten Morgen in Atlanta rutschte mir beim Duschen eine riesige Shampooflasche aus der Hand und landete mit lautem Knall auf dem Boden. Sofort stand Eric in der Badezimmertür. »David! David? Alles in Ordnung bei dir?« So viel zum Thema Verletzlichkeit. Ich stehe nackt unter der Dusche, und ein eigentlich fremder Mensch steht in der Tür und will mir helfen. Ich versicherte Eric, dass alles gut war, aber danach brauchte ich ein paar Stunden, bis ich ihm wieder in die Augen sehen konnte. Später, im Zug von Atlanta nach Washington, DC, dachte ich darüber nach, wie sehr mein Verlust an Unabhängigkeit mit einem Verlust an Männlichkeit einherging. Auf dem Bahnhof in Atlanta, als Karla und ich auf den Zug warteten, war ein starker, kalter Wind aufgekommen, der uns fast den Atem nahm. Ich sah Karla an und bemerkte die Sorge in ihrem Blick. Ich wusste, was sie dachte: Wenn es schon in Atlanta so kalt war, wie würde es weiter nördlich werden? »Alles klar mit dir?«, fragte sie. Aber ich hatte keine Antwort auf diese Frage. Bis jetzt war ich immer in Gesellschaft gereist, nie allein. Auf dieser Strecke würde ich vierzehn Stunden allein im Zug sitzen, blind und mit einem ramponierten Körper.

Während ich die ländlichen Gegenden von Georgia an mir vorbeiziehen sah, wurde mir auf einmal klar, dass die Menschen, denen ich in Atlanta begegnet war, meine körperlichen Einschränkungen akzeptiert hatten. Und ich? Warum war es mir so peinlich gewesen, dass Eric mir beim Duschen zu Hilfe eilte? Warum war ich nicht dankbar für seine Freundlichkeit und Fürsorge gewesen? Tatsächlich schämte ich mich. Ich hatte immer vor allem meinen Instinkten vertraut, und indem ich das Vertrauen in meine Fähigkeiten und Sinne verlor, fühlte es sich für mich an, als hätte mich mein Körper verraten. Ich vermisste den Menschen, der ich einmal gewesen war, und hasste den Menschen, zu dem ich geworden war. Wenn meine Schüler aus irgendwelchen kosmetischen Gründen ein schwaches Selbstbewusstsein hatten, dann erinnerte ich sie immer daran, dass es sich um ein vorübergehendes Problem handelte: Ihre Haut würde wieder besser werden, die Zahnspange würde nicht ewig bleiben. Ich selbst war mittlerweile aber an einem Punkt, wo das Leben mir nichts mehr gab und immer mehr wegnahm. Mein Verstand wusste, dass man sich für eine Krebserkrankung nicht schämen musste, aber das Kranksein war gleichbedeutend mit Schwäche, Bedeutungslosigkeit und Ohnmacht. Deshalb hatte ich nie zugelassen, dass Paula mit zu meinen Behandlungen kam – nicht weil ich sie ärgern wollte, sondern weil ich es nicht ertrug, dass sie mich so schwach und elend erlebte.

Ich wollte an meiner Identität als starker, widerstandsfähiger Mann festhalten. Mein ganzes Leben lang war ich so darauf erpicht gewesen, niemanden zu brauchen, dass ich nie gelernt hatte, anderen Menschen genug zu vertrauen, um mir auch einmal ein Gefühl der Abhängigkeit zu erlauben. War es mir auch mit Paula so gegangen? Hatte ich sie aus meinem Leben ausgeschlossen, indem ich sie aussperrte, wenn ich sie eigentlich am meisten brauchte? Indem ich ihr nicht zutraute, bei mir bleiben zu wollen? War ich vor ihr weggelaufen, bevor sie überhaupt eine Chance gehabt hatte, vor mir zu flüchten?

Vierzehn Stunden allein in einem Zug – das ist viel Zeit zum Nachdenken. Während der Amtrak gen Norden rauschte, begriff ich, dass ich auf meiner Reise Hilfe von anderen Menschen zugelassen hatte. Bei jedem Halt hatte ich Unterstützung angenommen, von meinen Schülern und von Fremden. Mir dämmerte, dass mein Weltbild nicht mehr zu dem Mann passte, der ich heute war. Ich war nicht mehr der zähe Bursche, der seine Männlichkeit unter Beweis stellen musste. Ich sah nicht einmal mehr so aus. Ich konnte nicht mehr tun, was ich früher getan hatte. Der David Menasche, der früher die Worte von Jack Kerouac wie ein Mantra zitiert hatte – »Kein Mann sollte durchs Leben gehen, ohne einmal die gesunde, gelangweilte Einsamkeit in der Wildnis zu erfahren, bei der er vollkommen auf sich selbst gestellt ist und auf diese Weise seine wahre, verborgene Stärke kennenlernt« –, war nicht mehr vorhanden. Und der neue David Menasche suchte sich erst seinen Weg.

Wenn ich die Hilfe anderer annehmen konnte, wenn

ich die Menschen wirklich wertschätzen konnte, die sie mir anboten, statt dadurch bitter zu werden – dann würde das vielleicht bedeuten, dass ich mich auch selbst annahm. Ich war schon vor längerem mit dem Umstand ins Reine gekommen, dass ich sterben würde. In der nächsten Lektion würde ich jetzt lernen müssen, dass ich so und nicht anders leben würde.

22

Ich vertraute mich dem Schaffner an, damit er mir am Bahnhof Union Station in Washington, DC, aus dem Zug half. Er schien nichts dabei zu finden, mir zu helfen, und ersparte mir so einen peinlichen Sturz auf den Bahnsteig. Meine ehemalige Schülerin Kim Kerrick war eine der Ersten gewesen, die auf meine Ankündigung auf Facebook geantwortet hatten. Sie kam viereinhalb Stunden mit dem Auto von ihrem Zuhause in Blacksburg, Virginia, gefahren, um mich abzuholen. Das war eine echte Strapaze, die sie sich da antat, und schon aus diesem Grund hatte ich ihre Einladung angenommen. Eigentlich stand Blacksburg nicht unbedingt ganz oben auf der Liste derjenigen Orte, die ich sehen wollte, aber ich freute mich ganz besonders auf diesen Besuch. Kim und ich hatten viel zusammen erlebt.

In Washington herrschte Rushhour, als wir den Bahnhof verließen; die Stadt war in einem festen Knoten aus Staus gefangen. Eine Stunde lang saßen wir Stoßstange an Stoßstange fest, bevor wir die Stadtgrenze hinter uns lassen und uns auf den langen Weg durch die Blue Ridge Mountains nach Blacksburg machen konnten. Aber die langsame Fahrt verschaffte uns reichlich Gelegenheit zu erzählen, was inzwischen passiert war.

Kim war 2006 meine Schülerin gewesen: ein verbittertes Mädchen, zynisch und aggressiv. Jeder Kommentar, den jemand über sie machte, wurde als Beleidigung aufgenommen, was auch immer dahintersteckte. Sie nahm ständig an, andere Menschen seien gegen sie, selbst wenn das überhaupt nicht stimmte.

Ich war deshalb ziemlich überrascht, als Kim sich eines Tages bereit erklärte, ihre Prioritätenliste vor der Klasse vorzulesen. Aber ich sah es als Gelegenheit, sie zu mehr Offenheit zu ermuntern. Als ich ihre Liste las, bemerkte ich, dass »Privatsphäre« gleich neben »Sicherheit« stand, was mich in Kombination mit ihrem depressiven Ausdruck auf den Gedanken brachte, sie würde sich möglicherweise selbst verletzen. Nach meiner Erfahrung führen Depressionen bei Jungen eher dazu, dass sie ihren Schmerz nach außen wenden und dazu neigen, andere zu verletzen. Mädchen wenden ihn eher nach innen, als wollten sie sich beweisen, dass niemand auf der Welt sie so sehr verletzen kann wie sie selbst. Diese Art des Umgangs mit Depressionen und Angststörungen bei Teenagern ist leider inzwischen nur allzu üblich geworden.

Ich spürte, dass auch Kim in dieses Muster verfallen war. Normalerweise führte ich solche Gespräche auf dem Flur, aber in diesem Fall, der mir besonders dringlich vorkam, hockte ich mich neben ihren Platz und fragte sie im Flüsterton: »Ritzt du dich?« Sie gab mir keine Antwort, ließ nur schamerfüllt den Kopf hängen. Zuerst dachte ich, ich hätte mit meiner Frage ins Schwarze getroffen, aber nach kurzem Nachdenken erinnerte ich mich, dass Kim rauchte. »Nein, du brennst dich, oder?«

Sie sprach immer noch nichts, aber ihr erschrockener Blick sagte mir, dass ich richtig lag. Nach dem Unterricht blieb sie so lange da, bis alle anderen gegangen waren. Und es stellte sich heraus, dass sie mit ihrer Homosexualität kämpfte – und mit der Behauptung ihrer Mutter, das sei nur eine vorübergehende Laune und sie würde irgendwann »gesund«. »Aber ich werde nicht gesund«, sagte Kim damals zu mir. »Ich weiß, dass ich lesbisch bin. Schon lange weiß ich das.«

Am nächsten Tag bat ich Kim, nach dem Unterricht nochmals dazubleiben. Sie sollte mir die Wahrheit sagen. Eine Weile schwieg sie, starrte mich nur an. »Du verletzt dich selbst, aber verbessert das deine Situation?«, fragte ich sie. »Du tust dir nur weh und schadest deinem inneren Frieden und deinem Glück.« Diese Worte schienen ihre harte Schale ein wenig zu durchdringen, also sprach ich weiter. »Du wirst nie glücklich, wenn du dich selbst nicht annimmst und voller Stolz anerkennst, wer du wirklich bist.«

Als ich Kim das nächste Mal sah, drückte sie mir einen riesigen Gefrierbeutel mit Hunderten von Streichhölzern in die Hand und sagte mir, sie würde sie nicht mehr brauchen, weil sie sich nicht mehr selbst verletzen würde. Den Rest des Jahres beobachtete ich sie genau und sah, wie sie mehr Selbstvertrauen gewann, je besser sie mit sich selbst und ihrer Sexualität zurechtkam. Sie wurde viel wärmer und sicherer im Umgang.

*

Als er mich fragte, ob ich mich brannte, drehte ich fast durch. Wie konnte er das wissen? Aber er wusste es. Niemand hatte je so sehr auf mich geachtet. Es war unheimlich und gleichzeitig irgendwie tröstlich, dass jemand es bemerkte. Danach war ich ziemlich oft bei ihm im Klassenzimmer. Er erzählte mir von einem Freund, der zu Thanksgiving nach Hause gefahren war und seiner Familie alles erzählt hatte. Er versuchte mir klarzu-

machen, dass es gehen würde. Dass ich mich nicht schämen sollte. Die anderen mussten lernen, damit klarzukommen, nicht ich. Er gab mir das Gefühl, es sei in Ordnung, ich selbst zu sein. Und er machte mir tatsächlich Mut, weil er mir die Hoffnung gab, dass meine Mutter mir eines Tages zuhören würde.

Er ist immer noch ziemlich derselbe wie früher. Sein Gedächtnis hat ein paar Löcher, und er ist etwas langsamer, aber er hat immer noch diesen schnellen Witz und diese krasse Haltung – und dieses extrem gute Herz. Wenn man sich vorstellt, dass sein Klingelton »If I Only Had a Brain – Hätte ich doch nur ein Gehirn« ist! Ich habe ihn bis dahin ja nur als Lehrer gekannt, aber es war wirklich toll, ihn als Freund kennenzulernen.

Kim Kerrick, Coral Reef Senior High School, Jahrgang 2006

*

Als Kim mich in Washington abholte, war es unser erstes Wiedersehen nach mehr als sechs Jahren. Sie stellte mir ihre Lebensgefährtin Mikilin vor, und wir drei redeten über unsere Jobs und unseren Alltag, vor allem aber über die Highschool.

»Warum hast du dich damals freiwillig gemeldet, deine Prioritätenliste vor der Klasse vorzulesen, wo du doch so viele Geheimnisse hattest?«, fragte ich Kim.

»Ich glaube, ich wollte, dass mich endlich jemand beachtet«, erwiderte sie. »Aber ich habe nicht damit gerechnet, dass Sie mich weiterhin im Auge behalten würden. Deshalb habe ich Ihnen die Streichhölzer gegeben.«

»Weil ich es gemerkt hatte?«

»Ja«, sagte sie. »Sie waren der einzige Mensch, der mich so sehr beachtete, dass er mich drauf ansprach. Und Sie waren der Einzige, der mir Mut machte, es stattdessen mal mit Leben zu versuchen.«

Ich fragte sie, ob sie sich immer noch selbst verletzte.

»An dem Tag, als ich Ihnen die Streichhölzer gegeben habe, war Schluss damit«, sagte sie.

Kim war nicht mehr die introvertierte Grüblerin, als die ich sie kennengelernt hatte. Seit kurzem arbeitete sie als Führungskraft bei Starbucks. Im Laufe der drei Tage, die ich bei ihr und Mikilin verbrachte, führten wir lange und sehr persönliche Gespräche.

»Du scheinst richtig glücklich zu sein«, stellte ich fest, als wir an einem Morgen bei einer Tasse dampfend heißem Kaffee zusammensaßen.

»Ich führe ja auch ein ziemlich tolles Leben«, sagte sie. »Ich war auf dem College in Miami, habe meinen Abschluss gemacht und bin dann an die UCF, die University of Central Florida, gegangen. Aber das war zu schwierig für mich, also habe ich irgendwann abgebrochen. Das war gut für mich. Ich wollte ja weg aus Florida. Und ich habe Mikilin kennengelernt. Wir denken gerade darüber nach, nächstes Jahr nach Kalifornien zu ziehen. Wir sind jetzt seit einem Jahr und neun Monaten zusammen. Unsere Freunde lachen uns aus, weil wir immer noch die Monate feiern, aber wir sind einfach so glücklich.«

Kim erinnerte sich an ihre erste Verabredung mit Mikilin – bei Taco Bell. »Es war ein schreckliches erstes Treffen«, erzählte sie lachend. »Mikilin hat fast kein Wort gesagt, und ich musste die ganze Zeit reden.«

»Wer ist denn auf die Idee gekommen, zu Taco Bell zu gehen?«, fragte ich.

»Ich«, erwiderte sie.

»Bei der ersten Verabredung? Kim!«

»Ich weiß. Ich weiß …«

Ich musste lächeln. Das schüchterne Highschool-Mädchen aus meinem Englischunterricht hatte sich in eine Frau verwandelt, die einen ganzen Abend lang redete. Sie war sie selbst geworden und richtig erwachsen. Ich freute mich zu hören, dass mittlerweile auch ihre Familie Mikilin als wichtigen Teil im Leben ihrer Tochter akzeptiert und willkommen geheißen hatte. Kurz nach meinem Besuch würden sie alle zusammen die Weihnachtsfeiertage verbringen.

Bevor ich aus Blacksburg abreiste, besuchten wir zu dritt die Dixie Caverns, die Tropfsteinhöhlen in der Nähe von Salem, Virginia. Gemeinsam die dreihundertzweiundvierzig nassen, dunklen Stufen tief in den Berg hinunterzusteigen, war ein in meinem Zustand gefährliches, aber auch aufregendes Erlebnis. Machen Sie das mal mit einem Blindenstock in der Hand! Schwärme von Fledermäusen flatterten um uns herum, ohne sich auch nur im Geringsten vor uns zu fürchten. Einmal stieß eine mit mir zusammen, und ich stürzte vor Schreck fast die Treppe hinunter und konnte mich gerade noch fangen. Erst als wir unten angelangt waren, konnten wir uns etwas entspannen. Ich war dankbar für die Pause. Bei jeder Stufe war mir ein heißer Schmerz vom linken Fuß bis zum Ohr hinaufgeschossen. Dennoch lächelte ich tapfer, weil Kim und Mikilin den Ausflug so sehr genossen. Begeistert davon, etwas so Außergewöhnliches zu unternehmen, saßen sie zusammengekuschelt da, der Inbegriff von Zuneigung und Liebe.

Bevor ich mich wieder auf den Weg machte, fragte ich Kim, was sich in ihrem Leben anders entwickelt hätte, wenn sie nie den Mut gefasst hätte, durch die

Prioritätenliste ihr wahres Ich zu enthüllen. »Wahrscheinlich würde ich mich dann immer noch selbst verletzen«, sagte sie. »Sie haben mir definitiv geholfen, mich zu öffnen.« Kims Sexualität und ihre Selbstverletzungen bereiteten ihr keine Scham mehr, sobald sie damit an die Öffentlichkeit gegangen war. Stattdessen wurde sie frei, als sie ihr Geheimnis lüftete.

Je weiter ich reiste und je mehr Menschen ich traf, desto besser kam ich mit meiner eigenen Situation zurecht. Eines Nachts auf einer Zugfahrt erinnerte ich mich an ein Essay der spirituellen Autorin Nancy Mairs, das ich öfter mit meinen Schülern gelesen hatte. Es trägt den Titel »Ein Krüppel sein«. Von allen Essays, die ich mit meinen Schülern las, gefiel mir das bei weitem am besten. Ich stellte den Kids das Essay vor, indem ich sagte, ich hätte immer gehofft, wenn ich einmal ähnliche Härten erleben müsste wie Ms. Mairs, dann würde ich in der Lage sein, sie mit der gleichen Anmut, dem gleichen Humor und Stoizismus zu ertragen, wie sie es tat. Als ich jetzt meinen Computer auspackte, das Essay heraussuchte und zu lesen begann, verfolgten mich meine eigenen Worte.

»Zunächst einmal geht es um Worte. Ich bin ein Krüppel. Ich benutze dieses Wort ganz bewusst. Ich habe es unter verschiedenen Möglichkeiten ausgewählt, darunter so bekannte wie »behindert« oder »eingeschränkt«. Ich habe diese Entscheidung vor ein paar Jahren getroffen, ohne lange nachzudenken, ohne mir über meine Motive im Klaren zu sein. Selbst jetzt bin ich mir meiner Motive nicht sicher, aber ich erkenne, dass sie komplex und nicht nur schmeichelhaft sind. Menschen winden sich bei dem Wort »Krüppel«, ob sie selbst verkrüppelt sind oder nicht. Bei Worten wie »behindert« oder »eingeschränkt« tun sie das nicht in gleicher Weise. Vielleicht möchte ich aber, dass sie sich winden. Ich will, dass sie mich als zähe Kandidatin ansehen, als eine, zu der das Schicksal, die Götter, die Viren nicht besonders nett gewesen sind, die aber der brutalen Wahrheit über ihr Leben gerade ins Gesicht sehen kann. Ich prahle damit, ein Krüppel zu sein.«

Das wollte ich auch. Prahlen.

23

Meine Eltern hatten ein Antiquariat, und ich lernte dort die Liebe zur Literatur kennen. Aber reich wurden wir damit nicht. Wir hatten immer genug zum Leben, aber nicht immer alles, was wir uns wünschten. Im Alter von zwölf Jahren nahm ich meinen ersten Job als Hilfskellner an, und von da an hatte ich ständig irgendwelche Jobs, hauptsächlich in der Gastronomie, bis ich endlich Lehrer wurde. Ich arbeitete schwer, um zu verdienen, was ich brauchte, aber Wohlstand oder Reichtum war nie mein Hauptziel. In New York schlug ich mich als Barmann durch und verdiente ganz gut – mehr als später in meinem Beruf als Lehrer –, aber besonders befriedigend war das nicht. Wenn ich mich krankmeldete, schenkte ein anderer Barmann die Drinks ein oder ein anderer Kellner servierte das Essen. Niemand kümmerte sich darum oder bekam auch nur mit, wenn ich fehlte.

Als ich Lehrer wurde, fand ich mein Glück, es war ein Job, der mir Erfüllung, Stolz und einen Lebenssinn schenkte. Dafür nutzte ich aber auch jede Chance, in meinen Schülern die Sehnsucht danach zu wecken, ihren eigenen Träumen zu folgen, selbst wenn der Weg dahin nicht besonders rosig aussah. Als ihr Lehrer wünschte ich mir, dass sie selbst einmal glücklich wären bei dem, was sie machten, nicht nur gut bezahlt.

Manchmal, wenn sie sich damit abmühten, herauszufinden, was sie mit ihrem Leben anfangen wollten, dann machte ich mit ihnen folgende Übung, um das Prinzip zu illustrieren. Ich sagte ihnen, sie sollten sich vorstellen, dass sie viele Millionen Dollar in einer Lotterie gewonnen hätten. »Ich bin sicher, erst mal geht ihr einkaufen«, sagte ich. »Dann macht ihr eine Weltreise.« Ich ging mit ihnen durch dieses Bild, bis wir an den Punkt kamen, an dem sie alles gekauft hatten, was sie sich jemals für sich selbst oder für ihre Lieben gewünscht hatten, und alle Schönheiten und Wunder der Welt gesehen hatten. Danach war immer noch sündhaft viel Geld übrig, und ich fragte sie, was sie dann tun würden, um den Tag herumzubringen. Die Antworten fielen sehr unterschiedlich aus. Einige taten sich schwer, überhaupt etwas finden, also fragte ich weiter. »Du fotografierst doch gern, wie wäre es damit?« Oder: »Gibt es etwas, was du im Leben gern erreichen würdest oder wofür du gern bekannt sein würdest?« Mit den Jahren hörte ich alles von »Ich würde gern Tanzlehrerin für Kinder werden« bis hin zu »Ich will in den Weltraum fliegen!«. Schließlich fragte ich sie: »Wenn ihr das alles ohne Bezahlung tun würdet, wäre es da nicht noch besser, jemand bezahlt euch genau dafür?« Ich wollte ihnen klarmachen, dass Geld verdienen zwar wichtig war, dass sie dafür aber nicht ihre Träume aufgeben durften. Und ich machte ihnen Mut, einen Beruf zu finden, der ihnen genug Geld einbrachte *und* ihre Seele nährte.

Natürlich gab es pragmatische Familien, die materiellem Wohlstand in ihrem Leben einen hohen Stellenwert gaben und auch ihre Kinder dazu ermunterten. Anjalee Khemlanee war im Jahr 2001 in meiner Klasse. Sie kam aus einer streng hinduistischen Familie, in der Männer finanziell erfolgreich sein und Frauen reich heiraten sollten. In der Highschool akzeptierte Anjalee noch zähneknirschend das Schicksal, das ihre Kultur ihr diktierte: Sie würde die Frau eines reichen Mannes werden. Aber ich wusste, tief im Inneren fühlte sie sich zerrissen bei diesem Gedanken. Sie hatte eine große Leidenschaft, mehr von der Welt zu sehen und zu erleben, und ich wusste, ein intelligenter Kopf wie ihrer hatte auch vieles zur Welt beizutragen.

Nach der Übung zum Thema Reichtum machte ich Anjalee Mut, über die Erwartungen ihrer Familie hinauszublicken: »Du lebst in einem freien Land, das solltest du nutzen! Warum gehst du nicht deinen eigenen Weg?« Zuerst dachte ich, Anjalee sei ein wenig beleidigt wegen des Vorschlags und glaubte, ich würde ihre Kultur nicht verstehen oder respektieren. Aber gerade mein tiefer Respekt für Anjalee motivierte mich ja dazu, ihr Mut zu machen.

Ich fragte mich immer, ob sie sich mit dem Leben als Ehefrau zufriedengeben würde, wenn sie erst einmal einen Geschmack davon bekommen hätte, was die Welt ihr zu bieten hatte. Meine Antwort bekam ich, als ich sie in Atlantic City besuchte, Anfang Dezember, ein paar Wochen nachdem der schreckliche Sturm Sandy die Küste von New Jersey getroffen hatte.

Anjalee war inzwischen fünfundzwanzig und zu einer jener vornehmen indischen Schönheiten herangewachsen, wie man sie auf den Porträts des indischen Malers Ravi Varma findet. Sie war vor kurzem von Florida nach New Jersey umgezogen, um als Reporterin für die *Press of Atlantic City* zu arbeiten. Journalisten, jedenfalls die guten, werden ja eher von Leidenschaft und Neugier angetrieben als von Geld. Als ich sie traf, war mir gleich klar, dass Anjalee zu den guten gehörte. »Ich will an Orte gehen, wo die Leute mir etwas anderes erzählen können. Ich wünsche mir, an ihrem Blick aufs Leben teilzuhaben. Solche Geschichten suche ich, nicht irgendwelchen allgemeinen Kram. Ich will herausfinden, was die Leute antreibt und diese Welt am Laufen hält.«

Ich habe immer die Art und Weise bewundert, wie gute Journalisten dafür sorgen, dass ihre Nachrichten nicht von anderen verdreht werden, und wie sie zu der Linse werden, durch die wir anderen die Welt sehen. Genau das tat Anjalee jeden Tag, und ihre Erfahrung als Reporterin hatte ihr ein hohes Maß an Verständnis eingebracht. Nach ihrem Abschluss an der Universität von Florida hatte sie bei einer kleinen Wochenzeitung in Jacksonville Beach, Florida, gearbeitet. »Aber da kam ich nicht an die richtig interessanten Geschichten heran«, erzählte sie mir. »Also habe ich mich bei der *Press* beworben, und einen Monat später riefen sie an.«

Am ersten Abend redeten wir so lange, dass die Bedienung immer wieder an unseren Tisch kam und fragte, ob alles in Ordnung sei. »Könnte gar nicht besser sein!«, erwiderte ich. Ich trank meinen Whiskey, meine ehemalige Schülerin erzählte mir Geschichten aus ihrer Gegend in Pleasantville, einer Stadt im Atlantic County, New Jersey, wo einer von fünf Leuten unterhalb der Armutsgrenze lebt, und mit einer üblen Kriminalitätsrate. »Sie glauben ja nicht, aus was für verrückten Gründen Leute einen Mord begehen«, schilderte sie. Ich saß ehrfürchtig da und hörte ihr zu. Ich hatte mir so sehr gewünscht, auf dieser Reise selbst zum Schüler zu werden, und jetzt hatte ich in Anjalee eine inspirierende Freundin und Lehrerin gefunden.

Am nächsten Nachmittag setzten wir unser Gespräch in ihrer Wohnung fort. Sie lebte in einem kargen, fast unmöblierten Apartment an der Promenade von Atlantic City, mit dekadenten Hotels und Casinos in der einen Richtung und der Verzweiflung der Obdachlosen in der anderen. Mit Blick auf die größten Reichtümer und tiefsten Leiden, die das Leben kennt.

»Du wirst in die Welt hinausgeschickt!«, sagte ich. »Wie viel Demut ist nötig, wenn man eine Reporterin ist, die das Leben anderer Menschen anschaut, das sie niemals ganz kennenlernt, und dem Rest der Welt dann erzählt, wie ihr Eindruck war. Und das alles in dem Wissen, dass wir nur erfahren ...«

»Ich weiß«, unterbrach sie mich. »... dass der Rest der Welt nur erfährt, was ich schreibe.«

»Du informierst, und wir sind abhängig von dir. Was für eine Verantwortung.«

»Man wird ein bisschen zynisch dabei«, meinte sie. »Ich glaube selbst nicht mehr so viel von dem, was ich schreibe. Viele Journalisten machen ihren Job überhaupt nicht mehr richtig. Sie sind nur an ihrer eigenen Meinung interessiert und stellen nur noch Fragen, bei denen sie die richtigen Antworten bekommen. Die Antworten, die sie hören wollen.«

»Du musst dir Leute suchen, denen du vertraust«, vermutete ich.

»Ja«, erwiderte sie. »Und ich muss dafür sorgen, dass das, was ich schreibe, ehrlich und präzise ist, damit mir meine Leser vertrauen. Aber genug von mir erzählt.« Jetzt war sie wieder ganz Journalistin. »Erzählen Sie mir von Ihrer Reise, Menasche. Ich habe jede Menge Fragen.«

»Na ja, das Reisen hat mein Leben natürlich ziemlich schön und aufregend gemacht«, erwiderte ich. »Ich lebe nach den Launen der anderen. Das Einzige, was ich unter Kontrolle habe, ist mein Abreisedatum, und manchmal nicht einmal das. Als ich hierherkam, habe ich den Zug verpasst und musste einen anderen nehmen. Es ist ein ganz anderes Leben als früher, als ich noch Lehrer war und alles unter Kontrolle hatte. Ich habe entschieden, was gelernt wurde, wie wir es angehen und wie viel Zeit wir damit verbringen. Ich wusste immer, was wir am nächsten Tag im Unterricht machen würden. Jetzt weiß ich nicht, was nach diesem Gespräch passieren wird. Und ich habe keine Ahnung, was morgen ist.«

»Macht Ihnen das Angst?«, fragte sie.

»Sehr«, gab ich zu. »Deshalb will ich ja nicht an Orte fahren, wo ich nur einen Menschen kenne. Denn wenn da etwas schiefgeht … Und es ist schon einiges schiefgegangen. Leute haben mich versetzt. In New Jersey hatten mir drei Leute einen Schlafplatz angeboten, aber nur einer antwortete, als ich dort war.«

Anjalees Gesicht wurde hart. »Was?«, fragte sie. »Wie kann denn das sein?«

»Weil es natürlich ziemlich leichtfällt, auf Facebook zu sagen, klar, komm vorbei. Und dann auch noch vor zwei Monaten. Aber wenn auf einmal ein blinder, verkrüppelter Typ anruft und sagt: Na, wie sieht's aus?, dann wird die Sache beängstigend real. Und dann kommen die Ausreden. Ich bin geschäftlich unterwegs. Das Kind ist krank. Solche Sachen. Oder sie antworten gar nicht. Aber das ist okay.«

»Nein!«, rief sie empört. »Nein, das ist nicht okay. Lehrer ist ein so undankbarer Job. Es ist eine so beschissene Situation, nicht zu wissen, ob man die Kids überhaupt erreicht. Sie kommen und gehen, und man hat keine Ahnung, ob irgendetwas hängengeblieben ist. Diese Reise ist Ihre Art …«

»Stimmt schon«, bestätigte ich. »Als ich noch Englisch unterrichtet habe, waren die Prüfungen am Schuljahresende für mich immer eine Beurteilung. Nicht für meine Schüler, sondern für mich. Wenn die Kids schlechte Noten bekamen, hatte ich versagt.«

»Aber das hat doch nichts mit Ihnen zu tun!«, protestierte sie.

»Aber sicher!«, entgegnete ich. »Alles. Wenn ich über eure Siege juble, dann muss ich auch an euren Niederlagen Anteil nehmen.«

»Aber ich war überhaupt keine gute Schülerin und ...«

»Da kommt der Lehrer ins Spiel«, sagte ich. »Es ist Aufgabe des Lehrers, die Schüler dazu zu bringen, dass sie gute Leistungen bringen *wollen.* Ich habe euch nie als Gefäße meiner Lehren gesehen, meiner Theorien oder Sichtweisen. Ich habe die Dinge dargelegt und mein Bestes getan, damit es interessant rüberkam und ihr Lust hattet, mehr darüber zu erfahren. Bei einem guten Lehrer geht es nicht um die Inhalte. Viel wichtiger ist, dass man die Idee rüberbringt – dass man sie so zum Ausdruck bringt, dass es für die Schüler einen Sinn ergibt. Das war meine Begabung, wenn ich je eine hatte: Ich wusste, wie ich es hinkriege, dass es für euch einen Sinn ergibt.«

Anjalee lächelte. »Womit wir bei meiner nächsten Frage wären«, sagte sie. »Haben Sie das irgendwo gelernt oder war es Teil Ihrer Persönlichkeit?«

Diese junge Journalistin war wirklich gut. Ich musste einen Moment nachdenken, bevor ich ihr antworten konnte. »Ich habe nie den Punkt erreicht, wo ich nicht mehr unterrichten wollte«, sagte ich. »Es war mir eine solche Ehre, da zu sein. Wie klein mein Anteil auch gewesen sein mag, ich wollte einfach da sein. Ich versuchte, meinen Schülern zu gefallen, und ich glaube, sie wollten deshalb auch mir gefallen und ihr Bestes tun.«

»Woher kam diese Idee?«, fragte Anjalee.

»Keine Ahnung«, erwiderte ich. »Wirklich nicht. Aber eine andere hatte ich nicht.«

Als ich aus Atlantic City abreiste, wusste ich, ich würde mit Anjalee in Kontakt bleiben. Ich hatte immer daran geglaubt, dass nicht derjenige arm ist, der wenig besitzt, sondern derjenige, der immer nach mehr verlangt. Aber Anjalee bewies mir, dass ich mich irrte. Eine junge Frau, die nach mehr verlangte, nach mehr Erfahrungen, um sich weitere Möglichkeiten zu erschließen und in dieser Welt etwas zu bewirken.

*

Ich hatte ein großes Problem – wie so viele, die einen sehr traditionellen ethnischen Hintergrund haben, in dem Frauen nicht darin unterstützt werden, einen Beruf zu ergreifen. Ich wusste, ich würde gern richtig arbeiten, wenn ich erwachsen war, aber es gab da immer diese zeitliche Grenze. Als ich auf der Highschool war, dachte ich, ich würde arbeiten und richtig viel verdienen, bis ich fünfundzwanzig wäre, dann einen reichen Geschäftsmann heiraten, den mir meine Eltern aussuchten, und »mich niederlassen«. Ich hoffte, wenn ich etwas sparen könnte, dann könnte ich noch ein wenig herumreisen, bevor ich mir die Ketten des Lebens anlegen ließ.

Ich dachte nicht, dass ich mir mein Leben selbst aussuchen könnte, doch dann sorgten viele Umstände dafür, dass ich da landete, wo ich heute bin. Dass ich aber Journalistin geworden bin, daran ist Menasche schuld. Statt dem dicken Geld hinterherzujagen, habe ich mir einen Beruf ausgesucht, der mich glücklich machte und macht. Ich erinnere mich, dass er darauf bestand, ich könnte so einen Beruf für mich finden. Und zwar zu einer Zeit, als ich eigentlich davon ausging, in dem Alter, in dem ich jetzt bin, würde ich schon zwei Kinder haben. Er sagte immer, ich lebte in einem freien Land und sollte das nutzen. Und ich war immer ein bisschen beleidigt, weil er es einfach nicht kapierte. Ich habe die Tradition und den Respekt vor der Tradition verteidigt und meine Familie. Inzwischen habe ich mich da geändert und kann heute beides leben.

Lieber Menasche, vielen Dank, dass Sie so hartnäckig waren. Dass Sie mir dieses Samenkorn in den Hinterkopf gepflanzt haben. Sie waren der Erste, der so mit mir gesprochen hat. Später kamen andere und haben das Samenkorn begossen. Und so bin ich heute hier.

Anjalee Khemlanee, Coral Reef Senior High School, Jahrgang 2005

24

Seit mehr als vierzig Tagen war ich nun unterwegs, hatte in mehr als fünfzehn Städten ehemalige Schüler besucht, aber nie war ich mir so verletzlich vorgekommen wie in diesem Busbahnhof in Atlantic City, wo ich auf meine Abfahrt nach New York wartete. Mein Blindenstock lag auf dem Platz neben mir, mein Rucksack stand vor meinen Füßen, als ich einen Mann bemerkte, der sich auf der anderen Seite neben mich setzte. Er hatte drei eintätowierte Tränen im Gesicht, ein Zeichen dafür, dass er im Gefängnis gewesen war. Ich fuhr sofort die Antennen aus, zumal ich bemerkte, dass er meinen Rucksack betrachtete.

Der Mann beugte sich unangenehm dicht zu mir herüber. »Was ist mit dem Stock?«, fragte er. »Das ist mein Blindenstock«, antwortete ich. »Ich kann nicht so gut sehen.« Er zögerte einen Moment, als müsste er darüber nachdenken. »Machen Sie sich darüber keine Gedanken?«, fragte er dann. »Worüber?« Langsam machte er mich nervös. »Na, dass Sie jedem erzählen, dass Sie ihn bei einer Gegenüberstellung auf der Polizeiwache nicht wiedererkennen würden.« *Okay,* sagte ich mir im Stillen. *Irgendwie wirst du hier wohl bedroht.* Meine Hand arbeitete sich langsam zu dem Messer an meinem Gürtel vor, das ich mitgenommen hatte, um mich vor Situationen wie dieser zu schützen. Der Typ sah das Messer und sprang sofort auf. »Also, also, guter

Mann, das brauchen wir aber nicht!«, rief er laut. »Wir bleiben ganz cool?«, fragte ich zurück. »Ja, sicher, ganz cool«, sagte er. Allmählich war ich ziemlich erfahren im Reisen. Wenn ich es verhindern konnte, würde mir niemand etwas tun.

Die Fahrt mit dem Greyhound-Bus nach Manhattan war allerdings zu viel für mich. Stoßstange an Stoßstange, Stop and Go – die Hölle für meinen Körper. Und der modrige Geruch des Busses nach altem Kühlschrank machte die Sache auch nicht besser. Nach diesem Erlebnis beschloss ich, nur noch mit dem Zug zu fahren.

Als ich am 12. Dezember am Hafen von Manhattan ankam und mich auf den Weg machte, um eine Gruppe ehemaliger Schüler in einer Bar namens Kettle of Fish in Greenwich Village zu treffen, war ich also ziemlich fertig. Zuerst kam ich ganz gut klar mit dem Weg, aber dann war ich mir nicht mehr sicher, wo die Christopher Street war, und konnte die Straßenschilder nicht lesen. Immerhin erkannte ich eine Frau, die an der Ecke stand und mit ihrem Handy herumspielte.

»Entschuldigen Sie, in welcher Richtung liegt die Christopher?«, fragte ich.

»Da entlang«, sagte sie. Vermutlich zeigte sie mit dem Finger, aber das konnte ich nicht sehen.

»Noch mal, bitte, welche Richtung?«, fragte ich ein zweites Mal.

Vermutlich sah sie meinen Stock und begriff, dass ich mehr Hilfe brauchte. »Soll ich mitgehen?«, fragte sie.

»Nein, es reicht, wenn Sie mir die Richtung sagen«, erwiderte ich.

Ich spürte ihre Hände auf meinen Schultern, als sie mich in die richtige Richtung drehte. »Da entlang«, sagte sie wieder.

Ich dankte ihr und ging zwei Schritte in den Verkehr hinein, als ich ihre Stimme wieder hörte. »Halt! Nein, ich glaube, ich gehe doch lieber mit«, rief sie, kam angelaufen und nahm meinen linken Arm.

»Vielen Dank. Mein Name ist David«, sagte ich.

»Ja, hallo«, erwiderte sie mit einem singenden Tonfall. »Ich bin Jessica.«

Wir plauderten freundlich, und sie brachte mich über die Straße und dann einen Block weiter bis zu der Bar. Einer meiner ehemaligen Schüler, Sergio Noriega, stand vor der Tür und wartete auf mich.

»Sergio, das ist Jessica«, sagte ich. »Jessica, das ist Sergio.« Sie gaben sich die Hand, sie küsste mich leicht auf die Wange und war verschwunden.

»Woher kennst du die denn?«, fragte Sergio mich ungläubig.

»Ich kenne sie gar nicht, ich habe sie da vorn getroffen«, erklärte ich und zeigte mit dem Finger in die Richtung, aus der ich gekommen war.

»Ich kenne sie aus dem Fernsehen«, sprudelte er hervor. »Aus dieser Serie, du weißt schon, mit dem Sex.«

Und so erfuhr ich, dass die Frau, die mir über die Straße geholfen hatte, niemand anders war als Sarah Jessica Parker, der weltberühmte Star aus *Sex and the City.* Und ich hatte mir Sorgen gemacht, dass mir irgendein Fremder in dieser Stadt womöglich Böses wollte. Stattdessen hatte mir eine der berühmtesten Bewohnerinnen dieser Stadt geholfen und mich davor gerettet, von einem Taxi überfahren zu werden.

Ich freute mich, unter den Schülern, die mich in dieser Bar in Greenwich Village erwarteten, auch Aaron Rawcliffe anzutreffen. Aaron war der Junge gewesen, der an meinem allerersten Unterrichtstag 1997 betrunken aufgetaucht war. Inzwischen war er schon über dreißig, und zuerst erkannte ich ihn gar nicht wieder. Dann stellte sich aber heraus, dass er an diesem Abend mein rettender Engel sein würde, er lud mich nämlich auf die Couch in seiner Wohnung in Queens ein.

In der Highschool hatte Aaron lange, strähnige Haare gehabt, und seine Garderobe hatte im Wesentlichen aus zerfetzten Jeans und Ozzy-Osbourne-T-Shirts bestanden. Jetzt erschien er mit einem teuren Haarschnitt, glänzend polierten Schuhen und einem Business-Anzug.

»Nicht hinschauen!«, rief er, als er mich sah. »Ich komme gerade von der Arbeit.«

»Wie du aussiehst!«, sagte ich und umarmte ihn. »Wie ein Manager.«

Und das war er. Manager bei einer Technologie-Firma in der City. Er erzählte mir, wie er von Miami nach New York gekommen war. »Meine Einstellung hat sich seitdem ziemlich geändert«, sagte er. »Ich habe immer gegen das System rebelliert, aber inzwischen bin ich dazu übergegangen, es anzunehmen und zu meinem Vorteil zu nutzen.«

Aaron berichtete, dass er sich nach der Highschool sofort einen Job gesucht hatte, als Kassierer in einer Bankfiliale einen Häuserblock von der Schule entfernt. »Ich hatte immer Streit mit meinen Chefs«, sagte er. »Kam mit blau gefärbten Haaren in die Bank. Hab immer versucht, Aufmerksamkeit zu erregen.« Das war der Aaron, den ich kannte, aber der Mann, der jetzt vor mir stand, sah eher nach dem Gegenteil aus. »Eines Tages«, fuhr er fort, »habe ich dann in den Spiegel geschaut und mir gesagt: Ich werde nie irgendwas im Leben erreichen, wenn ich so weitermache. Und dann habe ich bei der Bank gekündigt, bin wieder zur Schule gegangen und schließlich in der Technologiebranche gelandet.«

»Und jetzt bist du Geschäftsmann«, sagte ich. Aaron überraschte mich wirklich. Ich hatte erwartet, dass er in einer Pension leben würde, aber seine Wohnung war geräumig und modern, mit viel Glas und makellos sauber. Eine richtig erwachsene Wohnung, nicht die Bude, die ich mir vorgestellt hatte.

Als wir an seinem Küchentisch saßen, zog Aaron ein Hosenbein hoch, um mir zu zeigen, dass mein alter Schüler seine alten Gewohnheiten noch nicht vollständig aufgegeben hatte. Unter der maßgeschneiderten grauen Hose kam ein Bein zum Vorschein, auf dem Plattencover von Ozzy Osbourne eintätowiert waren. Osbourne war damals an der Coral Reef Aarons absoluter Lieblingsmusiker gewesen. »Das ist er heute noch!«, sagte er strahlend. Und dann spielte er seine Heavy-Metal-CDs, wir redeten stundenlang über Konzerte, bei denen er in letzter Zeit gewesen war, und verglichen unsere Tätowierungen. Ich zeigte ihm meine neueste, direkt auf der Brust: »I decide – ich entscheide«.

Aaron hat ein Elefantengedächtnis, und seine Erzählungen aus der Schule schenkten wir viele Erinnerungen wieder. So sprachen wir über die Tagebücher, die ich meine Schüler schreiben ließ; er hatte seines noch irgendwo, sagte er. Er erinnerte sich auch an Namen von Schülern, die in meinem Kopf verlorengegangen waren.

Ich hatte das Gefühl, als müsste ich Aaron vollkommen neu kennenlernen. Er war immer noch der unabhängige Geist, der er schon in der Highschool gewesen war, aber inzwischen besaß er auch die finanzielle Unabhängigkeit dazu. Er war ein wandelnder Widerspruch: Yuppie am Tag, Radikaler bei Nacht. Aber für ihn funktionierte es.

Es hätte mich wohl nicht überraschen sollen, dass so viele meiner ehemaligen Schüler, die in New York lebten – einer der teuersten Städte der Welt –, finanziell gut zurechtkamen. Von Aaron aus zog ich nach Brooklyn, um Alfonso Duro zu besuchen, der wohl der Reichste von allen war. In der Highschool war Alfonso sportlich und clever gewesen. Ich würde ihn als typischen Amerikaner beschreiben, abgesehen von der Tatsache, dass er aus Spanien kam und immer noch ein bisschen unsicher war wegen seines starken Akzents. In meinem Kurs hatte Alfonso seinen ersten Roman gelesen: *Huckleberry Finn*. Er war sehr berührt von der tieferen Bedeutung dieses Buches, und ich konnte geradezu sehen, wie sein Geist einen Gang hochschaltete. Alfonso wurde in diesem Jahr nicht nur zu einer Leseratte, sondern auch zu einem guten Schreiber. Nach dem Abschluss beschloss er, Sportjournalist zu werden.

Als Sportler hatte er schon einen Fuß in der Tür, und nach dem College fand er sofort Arbeit als Sportreporter. Ich war über die Jahre hin mit ihm in Kontakt geblieben und erinnere mich, wie er mir per E-Mail mitteilte, dass er nach New York ziehen würde, um als Journalist für Microsoft zu arbeiten. Er hatte eine Möglichkeit gefunden, Geld zu verdienen und gleichzeitig seinen Traum zu leben, aber sein Vertrag war auf ein Jahr befristet. Er wusste, er würde einen besser bezahlten Job finden müssen, um sich New York leisten zu können. Irgendwann landete er in der Anzeigenabteilung bei Microsoft; ein paar Jahre später ging er zu Google.

Als wir uns auf meiner Reise trafen, war er bereits ins höhere Management bei Google aufgestiegen. Ich müsste lügen, wenn ich sagen würde, ich sei nicht beeindruckt von seinem Wohlstand gewesen. Zu seinem Besitz gehörten zwei Lofts in Brooklyn und ein Haus in Florida. Aber als wir uns hinsetzten und uns unterhielten, spürte ich schnell, dass ihm etwas fehlte. Alfonso gab zu, zwar gern bei Google zu arbeiten und sein hohes Einkommen durchaus zu genießen, aber er empfand wenig Befriedigung in seiner Arbeit, die im Wesentlichen darin bestand, Pop-up-Anzeigen zu entwickeln.

»Ich verbringe meine Zeit damit, Dinge zu entwickeln, die die Leute hassen und als Belästigung empfinden«, sagte er kopfschüttelnd. »Ich denke immer wieder an die Sachen, die ich bei Ihnen gelernt habe, und daran, dass Sie uns gesagt haben, wir sollen uns nicht zu früh zufriedengeben, sondern tun, was wir wirklich tun wollen.«

Er und seine Frau dachten darüber nach, die Lofts zu verkaufen. Aber Alfonso hatte noch größere Pläne. Im vergangenen Jahr hatte er wieder angefangen, als freier Autor zu arbeiten, und er wollte sich irgendwann ganz dem Schreiben widmen. »Auf lange Sicht stelle ich mir vor, das zu machen, was Sie mir ans Herz gelegt haben«, sagte er. »Mit dem, was ich jetzt tue, verdiene ich gut und bin sehr erfolgreich. Als freier Autor wird das vielleicht anders sein. Aber was ist schon Geld?«

Auf meiner Reise dachte ich viel über Geld nach. Die Zeiten in meinem Leben, in denen ich mich reich fühlte, hatten gar nichts mit meinem Kontostand zu tun gehabt. Abgesehen von der Ausrüstung für diese Reise, hatte ich mir schon ewig nichts Neues mehr gekauft. Und jetzt war ich zufrieden mit der Vorstellung, dass ich für kein Geld der Welt diese Gelegenheit hergeben würde, meiner Krankheit für einen Augenblick zu trotzen und unterwegs zu sein.

Bevor ich New York verließ, besuchte ich noch Stephen Palahach. Meine bleibende Erinnerung an Stephen aus dem Unterricht sind die großartigen Diskussionen über den Wert der Liebe in der Besprechung von Shakespeares Romeo und Julia. Ich war wohl nicht der einzige Lehrer, der diese Geschichte von zwei Teenagern, die ihren Eltern nicht gehorchen, eine stürmische Liebesgeschichte erleben und am Ende tot sind, als eine etwas seltsame Lektüre für pubertierende Schülerinnen und Schüler ansieht. Aber in diesem Schuljahr nahm ich das Drama trotzdem durch. Damit sie besser in die Geschichte hineinkamen, lasen wir einige Abschnitte, dann bat ich sie, sich vorzustellen, wie sie auf ähnliche Rahmenbedingungen reagieren würden.

Eines Tages kam die Balkonszene dran: »O Romeo, Romeo – Warum bist du Romeo? – Verleugne deinen Vater und entsage deinem Namen – oder wenn du das nicht willst, so schwöre mir nur ewige Liebe und ich will keine Capulet mehr sein.« Das führte zu einer Diskussion über die Liebe im Allgemeinen. Natürlich waren die Jugendlichen mit dem Thema Liebe vertraut, aber sie verwendeten das Wort so oft und zur Beschreibung so vieler Gefühle und Situationen, dass es manchmal seine Bedeutung verlor. Viele von ihnen kämpften, um eine allumfassende, sichere und klare Definition für Liebe zu finden. Einige eher empirisch veranlagte Denker unter ihnen fragten sich: »Was bedeutet Liebe ... für mich?«

Zu diesen Schülern gehörte auch Stephen. Künstlerisch und introspektiv veranlagt, wie er war, wirkte er reifer als seine vierzehn Lebensjahre. In diesem Jahr an der Coral Reef war er verknallt in eine Mitschülerin, die schöne Wilde der Schule, Francesca Contreras. Mitten in unserem Gespräch über die Liebe hob er die

Hand und fragte: »Und was ist, wenn man einfach glücklich in dem Wissen ist, dass jemand, der einem viel bedeutet, glücklich ist? Was, wenn man damit zufrieden ist?«

Ich erwiderte, zumindest für mich wäre echte Liebe kein Substantiv, sondern ein Verb. »Liebe ist nicht das Gefühl, dass dich besetzt hält, während du als Beobachter wartend an der Seitenlinie sitzt«, sagte ich. »Sie ist ein so starkes Gefühl, dass sie dich zum Handeln zwingt. Aber das, worüber du da sprichst, ist eines der schmerzhaftesten Gefühle überhaupt: unerwiderte Liebe.«

Kurz darauf saß Stephen mittags mit einigen anderen Schülern bei mir im Klassenzimmer, und wir kamen wieder auf das Thema zu sprechen. Ich erklärte ihnen, mit der Liebe sei es wie mit Streichhölzern. Wenn man ein Streichholz anreißt, dann brennt es schön und wild, voller Funken sprühender Leidenschaft. Dann brennt die Beziehung wie das Streichholz eine Weile mit einer stetigen Flamme. Aber irgendwann flackert es, und dann muss man etwas unternehmen. Man kann es auslöschen, die Flamme ersticken oder ein neues Streichholz anzünden und von vorn anfangen, aber die Liebe verpflichtet uns, irgendetwas zu tun. Die Schüler fragten mich, wie es mit meiner Beziehung zu Paula aussähe, von der ich oft mit großer Zuneigung und mit Stolz sprach. Ich beschrieb ihnen, was ich machte, wenn wir zusammen waren: dass ich immer ein Stückchen hinter ihr ging, meine Hand schützend auf ihrem unteren Rücken. Stephen lächelte, als würde er sich vorstellen, wie er neben jemand ganz Bestimmtem ginge. »Ja, das ist Liebe«, sagte er. »Liebe in Aktion.«

Als ich Stephen jetzt in New York City wiedertraf, konnte ich sehen, wie er seitdem an seiner Definition von Liebe gefeilt hatte. Er hatte seine Liebe zum Schreiben entdeckt und aus dem Interesse ein echtes Handwerk gemacht. Im Laufe der Jahre hatte er genug Selbstvertrauen entwickelt, um richtig vielseitig zu schreiben, darunter auch erste Drehbücher. Nachdem er so weit gegangen war, konnte er gar nicht mehr damit aufhören auszuprobieren, wie weit ihn seine Ideen noch tragen würden. Zu Beginn seiner Schriftstellerkarriere hatte er nachts in einer vornehmen Cocktailbar als Helfer hinter dem Tresen gearbeitet und dort nicht nur die Vorräte und die Gläser aufgefüllt, sondern sich mit der »paradoxen Albernheit und Schönheit« beschäftigt, Drinks aus mehr als hundert Jahren nachzumixen. Und er war ziemlich gut darin geworden. Während meines Besuchs hatte er einen dieser Drinks für mich zusammengebraut – einen Sazerac, bestehend aus Absinth, Bitter und amerikanischem Whiskey –, während wir über die alten Zeiten und seine neuen Interessenfelder sprachen.

Im Laufe des Abends, den wir in seiner kunstvoll eingerichteten Wohnung in Williamsburg verbrachten, warf ich gemeinsam mit seiner hinreißend witzigen Freundin Carolyn einen Blick auf seine bunte Filmsammlung. Wir sprachen über unsere gemeinsame Liebe zu alten Krimis, und dabei überraschte mich die Leidenschaft und das Wissen, die Stephen diesem Thema entgegenbrachte. Noch mehr beeindruckt war ich aber darüber, wie sehr Carolyn und er im Takt zu sein schienen. Stephen hielt Carolyns Hand, sie schaute ihm strahlend in die Augen und beendete seine Sätze mit herrlich bissigen Bemerkungen. Sie gingen sehr entspannt miteinander um, aber die Energie zwischen ihnen war doch spürbar.

Mein Gespräch mit Stephen war eher anregend als persönlich, aber ich genoss es vor allem, Neues von ihm zu lernen. Ich erzählte ihm von dem ersten Mal, als ich *Reservoir Dogs* (dt. *Wilde Hunde*) gesehen hatte, 1992 im Angelica Theater in New York, als Gastgeber zweier sehr behüteter, zimperlicher schwedischer Au-Pairs (fragen Sie mich nicht!). Und Stephen erzählte mir, dass Quentin Tarantinos Produktionsfirma »A Band Apart« nach einem Klassiker von Jean-Luc Godard benannt ist, dem Nouvelle-Vague-Film *Bande à part.*

»Haben Sie den mal gesehen?«, fragte er, und als ich gestand, dass mir dieser Film fehlte, lud er ihn auf seinen Computer, und wir kauerten uns zu dritt auf seiner üppig gepolsterten Couch vor den Bildschirm, redeten, tranken Sazeracs und sahen uns diesen Film noir aus den Sechzigern an.

Es war ein wunderbarer Abend, nur leider wurde mir gegen Ende des Abends übel. Vor und während der Reise hatte ich mindestens zweimal täglich schwere Übelkeitsanfälle gehabt. Wenn es losgeht, fühlt es sich an, als hätte ich Kreide im Mund, ein metallisches Gefühl kommt dazu, dann fröstelt mich, obwohl ich schwitze. Ich muss mich dann hinlegen und die Augen zumachen, bis es wieder aufhört. Als es bei Stephen passierte, legte ich mich auf die Couch und wurde erst am nächsten Morgen wieder wach.

Als ich aufstand, waren Stephen und seine Freundin schon weg, und ich lag da, ein plustriges Kopfkissen unter meinem Kopf und eine warme Flanelldecke über mich gebreitet. Als ich an mir hinunterschaute, bemerkte ich, dass ich einen weichen Pyjama trug, der nicht mir gehörte. Ich lächelte in mich hinein und dachte: Ja, das ist Liebe in Aktion.

*

Zwei Jahre nach der Diskussion über Romeo und Julia *verliebten wir uns heftig ineinander, Francesca und ich, und ein kurzes halbes Jahr lang waren wir sehr glücklich miteinander. Ich hatte immer noch sehr luftige, vage Vorstellungen von Liebe. Wenn Mr. Menasche mir zu dieser Zeit wieder die große Frage gestellt hätte: »Was ist Liebe?«, dann wäre ich wohl immer noch ratlos gewesen und hätte nach irgendwelchen krausen Gefühlen gesucht, um etwas zu definieren, was ich wohl für niemanden außerhalb meiner Familie empfand.*

Es gab aber ein Erlebnis mit ihm, das tiefen Widerhall bei mir fand. Es muss während einer Mittagspause gewesen sein, ein paar von uns sprachen mit ihm darüber, wie es ihm mit Paula ginge. Und er beschrieb uns, dass er immer ein bisschen wachsam sei, darum bemüht, dass sie nicht in Gefahr geriet. Ich dachte darüber nach, dass sie vermutlich gar nichts davon merkte, dass es ein Akt bedingungsloser Fürsorge war.

Für die meisten Menschen hat diese Dunkelzone der menschlichen Existenz eher schmerzhafte, beängstigende Aspekte. Menasche schaute nicht nur in die Dunkelheit, sondern ging bewusst hindurch, ins Unbekannte. Ich halte das für eine Art Heldentum, aber auch für eine Art, die Liebe zum Leben und zu anderen Menschen zu leben.

Stephen Palahach, Coral Reef Senior High School, Jahrgang 2006

25

Ich glaube, meine Tätowierungen sind eine Art, mich über meinen Körper auszudrücken. Eine Art visuelle Poesie. Jede Tätowierung erzählt die Geschichte meiner individuellen Überzeugungen und Erfahrungen. Sei es die einfache, klare schwarze kleine Vinyl-Schallplatte auf meinem linken Unterarm, die an meine Jugendfreundschaften erinnert, oder die Totenschädel auf dem rechten: Meine Bilder enthüllen, wie meine Narben, etwas von dem, was sich unter meiner Haut abspielt.

Auf meinem linken Bein befindet sich die erste Tätowierung, die ich überhaupt habe machen lassen, und sie ist potthässlich. Als ich sechzehn war, versuchte sich mein Freund Greg, der bis dahin nur an Schweinehaut geübt hatte, mit seiner Kunst an mir. Er begann mit den Umrissen eines Tribal-Musters, das ich gezeichnet hatte, stellte sich aber so dumm dabei an, dass ich darauf bestand, es selbst zu machen, vor allem das Ausfüllen der Umrisse. Aber das brachte nicht mehr viel. Es ist ungleichmäßig und eher grau mit freien Stellen: eine wirklich miserable Tätowierung. In Miami konnten meine Schüler sich auf dem Flohmarkt Tattoos stechen lassen; dort fragte niemand nach dem Alter. Aber ich sagte ihnen immer, sie sollten drei Mal nachdenken, bevor sie einmal stechen ließen. »Lasst euch keine Tätowierung machen, die ihr später bereut«, sagte ich immer wieder. »Und wenn ihr euch eine Tätowierung stechen lasst, dann muss sie mit einer guten Geschichte verbunden sein, denn die werdet ihr für den Rest eures Lebens erzählen müssen.«

Tatsächlich bereue ich – trotz des verunglückten ersten Versuchs – nur eine meiner Tätowierungen. Nach meiner Diagnose fuhr ich mit einem Freund durch die Gegend, total aufgedreht und gleichzeitig voller Langeweile. Ich hatte einiges über den großen Philosophen Mark Aurel und die Stoiker gelesen, weil ich hoffte, bei ihnen zu lernen, wie ich tapfer mit meiner Krankheit umgehen und sie überwinden könnte. Und als wir an einem Laden namens Hell City Tattoos vorbeikamen, beschloss ich spontan, mir das Symbol der Stoiker, eine Flamme, in meine Handfläche stechen zu lassen. Man soll Hände und Füße nicht tätowieren, aber das wusste ich damals nicht, und inzwischen war das Muster schon ausgelaufen und verblasst. Als ich das Gefühl, das damit verbunden war, wieder auffrischen wollte, ließ ich mir »Be brave! – Sei tapfer!« aufs rechte Handgelenk tätowieren, dorthin, wo ich am häufigsten hinschaute. Und später, als klarwurde, dass die Behandlungen nicht mehr anschlugen, und der Arzt darauf bestand, ich sollte das experimentelle Medikament nehmen, kam auch noch das »I decide« auf meiner Brust dazu.

Mein Lieblingstattoo ist aber auf meinem Rücken. Ich ließ es mir stechen, als ich ein Jahr lang mit dem Krebs überlebt hatte. Es zeigt das Plattencover der Band Modest Mouse, das damals gerade herauskam: eine Zeichnung von einem Heißluftballon mit einem Anker, Inbegriff von Kampf und Überleben. Meine Reise fühlte sich so an, als hätte ich sie wirklich verdient.

Nach ein paar ruhigen Feiertagen mit Verwandten und Freunden in New York, einer Art Mischung aus

Chanukka und Weihnachten, machte ich mich wieder auf den Weg, diesmal ins südliche Neuengland. Paula verbrachte die Weihnachtstage bei ihrer Mutter in Vermont, und als ich sie fragte, ob wir uns treffen könnten, meinte sie, das wäre keine gute Idee. Ich hatte immer eine ganz gute Intuition besessen, nur nicht in Sachen Liebe. Irgendwie hoffte ich immer noch, wir könnten die Dinge zwischen uns klären, und wie sollte das besser gehen als bei einem gemeinsam verbrachten Jahreswechsel in New York? Aber Paula entfernte sich immer weiter von mir. So fuhr sie also nach Hause nach Florida, und ich stieg in einen Zug nach Providence, Rhode Island.

Am Montag, dem 31. Dezember, kam ich dort an, dicht auf den Fersen eines Blizzards, der die Stadt knietief mit Schnee zugeschüttet hatte. Es war schön, aber eisig. Meine ehemalige Schülerin Laura Dammann holte mich am Bahnhof ab; die Schneewehen waren so hoch, dass ich mir auf der Fahrt zu ihr nach Hause vorkam wie auf einer Bobbahn.

Laura gehörte zum Jahrgang 2006, sie war also meine Schülerin in dem Jahr der Diagnose gewesen. Am Ende dieses Schuljahres diagnostizierte man bei ihrem Vater Paul Prostatakrebs. Als sie uns beide einander vorstellte, fühlte ich mich auf gleich mehreren Ebenen mit ihm verbunden. Paul war schon eine ganze Weile krank, hatte sich vor zehn Jahren am Gehirn operieren lassen, um die Symptome seiner Epilepsie zu lindern. Er war ein Bär von einem Mann mit einem stürmischen Temperament, das sich nur wenig von meinem unterschied. Wir tauschten Witze und Geschichten aus, ohne dass einer von uns in Selbstmitleid versank. Ich hatte das Gefühl, wenn irgendjemand den Krebs besiegen könnte, dann wäre es Paul.

Nachdem Laura ihren Schulabschluss gemacht hatte, verlor ich sie aus den Augen, und ich wusste nicht, ob Paul noch lebte. Am ersten Tag unseres Zusammenseins kamen ihre Mutter und Schwester zu ihr, und wir saßen zusammen und tranken heißen Tee. An der Wand auf der anderen Seite des Zimmers sah ich ein Foto von Paul. »Wie geht es ihm?«, fragte ich, und sie erzählten mir, dass er vor etwa einem Jahr gestorben sei. Mit seiner Gesundheit war es langsam immer mehr bergab gegangen. Am Ende hatte er Windeln getragen, war mehrmals in der Nacht wach geworden und hatte vor Schmerzen geschrien. Ich fand es schrecklich zu erfahren, wie viel sie hatten durchmachen müssen, und hatte fast ein schlechtes Gewissen, weil ich lebendig und relativ gesund vor ihnen stand. Vor allem aber hatte ich das Gefühl, ich hätte gerade einen kurzen Blick auf meine eigene Zukunft geworfen.

Am nächsten Tag, als Laura mich fragte, ob ich mit ihr und ihrer Familie auf dem nahe gelegenen Golfplatz Schlitten fahren wollte, sagte ich gern zu. Die meiste Zeit meines Lebens habe ich in Florida verbracht, so dass ich die Zahl meiner Schlittenfahrten an einer Hand abzählen konnte. Und das einzige Mal, dass ich auf einem Golfplatz gewesen war, war als Teenager in Florida, wo ich eines Nachts mit ein paar Freunden die Carts kurzgeschlossen und mit ihnen herumgefahren war.

Der Golfplatz in Providence war sehr hügelig. Wir fuhren abwechselnd auf Plastikscheiben, die aussahen wie die Deckel von Mülltonnen und sich immer wieder um die eigene Achse drehten. Ich konnte die Scheibe nur mit der rechten Hand festhalten, und bei einem Dreher sprang ich über einen Buckel und ließ los, flog durch die Luft und schlug mit dem Hinterkopf auf. Auf dem Weg zurück zu Laura konnte ich sehen, wie besorgt sie war. So wie sich mein Schädel anfühlte, hatte ich vermutlich eine leichte Gehirnerschütterung. Allerdings kümmert man sich ja nicht mehr um solchen Kleinkram, wenn man weiß, dass man sterben wird. Das ist das Gute daran. Vor ein paar Monaten hatte ich meinen Arzt im Duke University Hospital gefragt, wie es mit dem Rauchen sei, und er hatte zu mir gesagt: »Selbst wenn Sie davon Lungenkrebs kriegen, wird der Gehirntumor sie vermutlich umbringen, bevor es schlimm wird. Also rauchen Sie ruhig, wenn Sie Lust darauf haben.«

An diesem Tag war das Schlittenfahren mein Nikotin, und ich fuhr immer wieder den Hügel hinunter, schlug mir noch ein paarmal den Kopf an und genoss jeden Moment mit demselben Leichtsinn, der mich motiviert hatte, die Reise zu machen. Wie schon der mexikanische Revolutionär Emiliano Zapata der Legende nach gesagt hat: »Es ist besser, stehend zu sterben, als auf den Knien zu leben.«

Mit schneeverkrusteten Mützen und eiskalten Fingern und Zehen gingen wir irgendwann zurück nach Hause. Laura machte uns Tee, und ich bemerkte, dass in ihrem Bücherregal *Einer flog über das Kuckucksnest* von Ken Kesey stand, eines meiner Lieblingsbücher. Meine Schüler hatten den Roman immer geliebt, was wohl zum Teil auch mit meiner brennenden Leidenschaft dafür zusammenhing. Ich fand unzählige Lehren in diesem Text, speziell auch für mein eigenes Leben: Anpassung, Unabhängigkeit und Sieg. Der Erzähler, der Chief, sitzt in der Psychiatrie und kämpft gegen die böse Schwester Ratched, um die Kontrolle über sein eigenes Gehirn zu behalten. Er tut das, indem er sich taubstumm stellt – ein kleiner Sieg, aber immerhin. Als sein Freund McMurphy nach einer Gehirnoperation verrückt wird, befreit ihn Chief, indem er ihn totschlägt. Und dann befreit er sich selbst, indem er das Fenster aufbricht und aus der Psychiatrie flieht.

McMurphy hat übrigens eine Tätowierung, ein Pokerblatt mit zwei Paaren aus schwarzen Assen und Achten. Dasselbe Blatt, wie Wild Bill Hickok es in der Hand hielt – so sagt man –, als er am 2. August (mein Geburtstag) 1876 erschossen wurde. Seitdem wird dieses Blatt Hickok zu Ehren »die Hand des toten Mannes« genannt, und ich hatte es mir vor meiner Reise noch auf den Unterarm tätowieren lassen. Ich rollte den Ärmel hoch, um es Laura zu zeigen. »Das zeigt die Philosophie, mit der ich seit meiner Diagnose lebe«, sagte ich zu ihr. »Du hast keinen Einfluss auf die Karten, die du bekommst, nur auf die Art, wie du sie ausspielst.«

*

Im ersten Jahr auf der Highschool wurde ich schwanger. Ich rief Mr. Menasche an und fragte ihn, was ich tun sollte. Er sagte mir, ich müsste mich mit meinen Eltern zusammensetzen und es ihnen erzählen. Ich hatte schreckliche Angst davor, aber der Rat war gut. Nach einem Monat hatte ich eine Fehlgeburt, aber ich hielt mich weiterhin an seinen Rat und log meine Eltern danach nie wieder an. Er hatte einfach recht. Dass ich ihnen die Chance gab, mit der Wahrheit umzugehen, hat uns noch näher zusammengebracht.

Laura Dammann, Coral Reef Senior Highschool, Jahrgang 2006

26

Bevor ich aufbrach, westwärts nach Kalifornien zu reisen, machte ich noch in Boston halt, um auch dort ein paar meiner ehemaligen Schüler zu treffen. Es erstaunte mich immer wieder, dass überall, wo ich hinkam, sie sich spontan Zeit für mich nahmen. Ich rief an, und irgendwer tauchte immer auf. In Boston traf ich mich in einer Bar unweit des Copley Square mit Claire Contreras, ihrer Schwester Francesca und einer weiteren ehemaligen Schülerin, Martine Powers. Während sie mir erzählten, was inzwischen in ihrem Leben passiert war, bemerkten wir, dass in den Tisch, an dem wir saßen, lauter Namen, Initialen und clevere Sprüche eingeritzt waren. Ich nahm mein Reisemesser heraus und ritzte die Worte: »I was here moments ago. – Vor ein paar Momenten war ich hier.« ins Holz. Die Mädchen machten weiter, am Ende auch Francesca, und schrieben: »Ich auch.«

Praktisch alle meine Ehemaligen wollten erst einmal etwas mit ihrem Ex-Lehrer trinken. Dieses Übergangsritual war ihnen allen wichtig, und ich machte auch immer mit, weil ich wusste, dann würden sie sich mit mir entspannter fühlen. Oft saßen wir dann bis spät in die Nacht und erzählten uns, was in den letzten Jahren passiert war. Es waren Dutzende von Wiedersehensfeiern, und ich genoss jede einzelne. Auch Claire erzählte, woran sie sich bei mir erinnerte: »Sie waren voller

Schwung, lebhaft und begeistert, aber auch sehr dominant«, sagte sie. »Ich erinnere mich, dass Sie immer mit einer gewissen Dringlichkeit gingen und sprachen. Sie verlangten Aufmerksamkeit von uns. Erinnern Sie sich noch an die Sache mit dem Tipp-Ex? Wenn jemand im Unterricht einschlief, haben Sie ihm oder ihr mit Tipp-Ex einen Punkt auf die Nase gemalt.« Ich sagte, das wollten wir vielleicht lieber vergessen, und wir lachten alle.

»Jeder wollte Sie als Lehrer haben«, sagte Francesca. »Claire kam immer nach Hause und erzählte von Menasche hier und Menasche da. ›Menasche hat mir diesen Jack Kerouac nahegebracht‹, sagte sie und erzählte dann von *Unterwegs.* Sie war wirklich begeistert, und ich dachte, so einen Lehrer würde ich wohl nie bekommen. Richtig neidisch war ich.«

Ich fragte Martine nach ihrer eindrücklichsten Erinnerung aus dem Unterricht. »Darüber habe ich auf dem Weg hierher gegrübelt«, erwiderte sie. »Durch Ihren Englischunterricht habe ich angefangen, übers Schreiben nachzudenken. Eine der ersten Aufgaben, die Sie uns gegeben haben, war eine Bildbiographie. Das hat mir gut gefallen.« Sie sollten eine bebilderte Autobiographie anfertigen, gleich am Anfang des Schuljahres. Ich hatte meine Schüler gebeten, ein Bild dazuzutun und die zehn wichtigsten Momente in ihrem Leben zu beschreiben. »Als ich das machte, wurde mir klar, dass jeder Mensch etwas zu erzählen hat, selbst ich, ein dreizehnjähriges Mädchen. Jeder Eintrag auf meiner Liste war eine Geschichte. Und ich dachte, wenn ich zehn Geschichten zu erzählen habe, dann geht es anderen Menschen genauso.«

Martine erinnerte sich, wie sie einmal zu mir gekommen war und mich gefragt hatte, ob sie eine Geschichte über eine Mitschülerin schreiben dürfte, die schwanger war. Sie war sehr überrascht gewesen, als ich ihr Mut machte, diesen umstrittenen Aufsatz zu schreiben. Ich hatte gehofft, auf diese Weise würden die Mitschüler mehr Mitgefühl für die Situation des schwangeren Mädchens entwickeln. Tatsächlich war die Geschichte ein Hit sowohl bei der werdenden Mutter als auch bei ihren Mitschülern. Und Martine öffnete das die Augen für ihre Fähigkeit, andere durch das, was sie schrieb, zu berühren. Am Ende schrieb sie sich an der Yale University ein und beschloss, Journalistin zu werden.

Seit ihrem College-Abschluss arbeitete sie beim Boston Globe und erzählte die Geschichten anderer Menschen. »Ich liebe meine Arbeit wirklich«, sagte sie. »Und die Journalisten«, so erklärte sie, »sind eine sehr hilfsbereite Gemeinschaft, eine Familie von Leuten, die wirklich leidenschaftlich gern Geschichten erzählen. Und so waren Sie auch. Es ging immer um den Rhythmus und die Wörter, die den Satz zum Tanzen brachten.«

Ich gebe zu, ich hörte solche Geschichten sehr gern. Auch ein Sterbender braucht ein bisschen Futter fürs Ego. Und ich bekam Sachen zu hören, die normalerweise erst bei der Beerdigung erzählt werden. Shakespeare hat in *Julius Caesar* geschrieben: »Das Böse, das die Menschen tun, lebt nach ihnen fort; das Gute wird so oft mit ihren Knochen begraben.« Ich wollte die guten Geschichten hören, bevor sie mit mir begraben wurden.

»Ich erinnere mich noch, wie Sie den Schreibtisch kaputt gemacht haben«, sagte Claire. Ich hatte irgendetwas besonders nachdrücklich sagen wollen und mit der Faust auf den Tisch geschlagen. Woraufhin ein Bein abbrach.

Am Ende des Abends, als wir auf dem Parkplatz standen und uns verabschiedeten und Claire mir alles Gute für meine lange Reise nach Westen wünschte, rief Paula an.

Es war zwei Wochen her, dass sie Weihnachten mit ihrer Familie verbracht hatte, und nach ein paar unbeholfenen Momenten mit Belanglosigkeiten war mir klar, dass sie mir etwas sagen wollte, aber nicht wusste, wie sie anfangen sollte. Ich versuchte ihr zu helfen.

»Vermisst du mich?«, fragte ich.

Sie wartete einen Moment mit ihrer Antwort. »Ich vermisse es, dir Dinge erzählen zu können«, sagte sie dann.

»Und bist du glücklicher, seit ich weg bin?«

»Na ja«, sagte sie. »Ich habe ziemlich viel Stress. Ich arbeite viel.«

»Und willst du daraus eine Dauerlösung machen? Ohne mich, meine ich?«

»Ich weiß nicht«, sagte sie.

»Du weißt es nicht?«

Danach herrschte langes Schweigen in der Leitung. »Ich muss darüber nachdenken«, sagte sie schließlich.

Ich wartete ein paar Tage, bis ich wieder bei Paula anrief, krank vor Spannung, wie sie sich entschieden hätte. Seit ich ohne sie unterwegs war, hatte ich begriffen, dass ich unsere Ehe nicht aufgeben wollte. Aus irgendeinem Grund hatte ich genau darauf gehofft. Wir waren seit dreiundzwanzig Jahren zusammen und mehr als die Hälfte dieser Zeit verheiratet, und wir hatten so viel zusammen erlebt. Ich sagte mir immer, wenn ich zurück nach Florida käme, könnten wir unsere Schwierigkeiten aus dem Weg räumen.

»Ich muss es jetzt wissen, Paula«, sagte ich, als sie ans Telefon ging. »Willst du, dass wir uns trennen?«

»Ja. Ja, ich glaube schon«, sagte sie mit ruhiger, aber kräftiger Stimme.

Ich krümmte mich, als hätte mir jemand in den Bauch getreten. »Aber ich will das nicht«, sagte ich. »Bitte … kannst du mir nicht noch eine Chance geben?«

»Es tut mir leid, aber … es ist zu spät dafür«, sagte sie. »Du brauchst mehr, als ich dir geben kann. Wenn du von deiner Reise zurückkommst, musst du dir eine andere Bleibe suchen.«

Ich fühlte mich, als hätte man mich mitten in der Wüste ausgesetzt, ohne etwas zum Essen und ohne Wasser. Wie soll ein blinder Krüppel denn ein neues Leben anfangen? Ich wollte es gar nicht so genau wissen.

27

Auf der Zugfahrt nach Chicago sah ich mir mein dortiges Übernachtungsangebot an und erkannte den Namen der Schülerin nicht wieder, die mich bei sich aufnehmen wollte. Ich zerbrach mir meinen löchrigen Kopf auf der Suche nach einer Erinnerung an Danielle Lyew, aber es kam nichts. Ich schaute bei Facebook nach in der Hoffnung, meinem Gedächtnis auf die Sprünge helfen zu können, aber auch das half nicht. Also machte ich einfach weiter und nahm an, die Erinnerungen würden schon wiederkehren, wenn wir uns trafen. Aber als sie mich am Amtrak-Bahnhof abholte, sah ich nur eine Fremde vor mir.

Mein vermeintlicher Gedächtnisverlust war mir zu peinlich, als dass ich sie hätte fragen wollen, woher sie mich kannte, also stieg ich einfach in ihr Auto und nickte während unserer kleinen Stadtrundfahrt durch Chicago. In den nächsten Stunden zeigte sie mir den Willis Tower, das Hancock Center und den Navy Pier am strahlend blauen Lake Michigan. Dann fuhr sie mit mir in ihre Wohnung. Aber auch hier erinnerte ich mich nicht. Ich fühlte mich schrecklich. Danielle nahm mich bei sich auf und zeigte mir ihre Stadt, und ich konnte mich nicht einmal erinnern, wer sie war. Nachdem wir einen ganzen Tag zusammen verbracht hatten, war es zu spät, um noch die Wahrheit zu sagen, aber schließlich fiel mir eine Frage ein, die die Lösung brachte. »An welche Bücher aus dem Unterricht erinnerst du dich noch?«, fragte ich. »Oh, ich war zwar auf der Coral Reef, aber nie in einem Ihrer Kurse«, erwiderte Danielle ganz ruhig. »Ein paar Freunde haben mir von Ihrer Reise erzählt, und ich wollte helfen.«

Am nächsten Tag erzählte sie mir, sie hätte immer die Aussichtsplattform oben auf dem Willis Tower besuchen wollen, sich aber nie getraut, bis sie meine Geschichte gehört hätte. »Sie haben mich dazu inspiriert, ein paar Sachen auszuprobieren und mehr zu leben«, sagte sie. Und als sie mir erklärte, dass es sich um einen Glasbalkon handelte, der aus dem höchsten Gebäude der westlichen Welt herausragte, war ich dabei. Wir fuhren mit dem Aufzug in den hundertunddritten Stock, unsere Ohren gingen zu, und es wurde uns flau im Magen. Ich war vollkommen fertig, als ich vorsichtig auf die Glasplattform trat, die etwa vierhundertfünfzig Meter über den winzigen Autos auf dem Wacker Drive schwebte. Ich war buchstäblich und wörtlich »ganz oben«. In diesem Augenblick hatte ich keinen Krebs: Ich hatte eine Freundin, ein Abenteuer und ein ungeheures Gefühl von Selbstbestimmung. Ich fühlte mich lebendig, gesund und ganz normal.

Mein Aufenthalt in Chicago war kurz. Bevor ich abreiste, traf ich mich noch mit meiner ehemaligen Schülerin Kaitlyn Flynn in einem Lokal, wo es Sandwiches mit gegrilltem Käse gab. Kaitlyn kam aus einer frommen katholischen Familie mit strengen Moralvorstellungen; deshalb war ich in der Highschool überrascht gewesen, auf ihrer Prioritätenliste den Begriff »Privatsphäre« gleich neben »Spiritualität« zu finden. Irgendwann erzählte sie mir dann, dass sie sich immer für ihre katholische Erziehung geschämt hätte, weil sie von dem, was in Miami normal war, so weit entfernt war.

Sie saß ganz still in der Klasse, immer in der Angst, dass sich ihre Mitschüler über ihren Glauben lustig machen würden. Sie hatte sehr viel Tiefe, wollte aber diese Tiefen ihrer Seele und ihrer Spiritualität nicht preisgeben.

Ich ermunterte meine Schüler immer wieder, sich an Colleges weit weg von zu Hause zu bewerben, um aus dem Schatten ihrer Highschool-Identität zu treten. Und ich freute mich immer sehr, wenn jemand dieses Wagnis einging.

Kaitlyn war eine der Schülerinnen, die meinen Rat annahmen und Florida verließen, um das College zu besuchen. Sie ging nach Indiana, ans Saint Mary's College in Notre Dame. Weit entfernt von ihrer Familie, in einer kleineren Stadt, fühlte sie sich endlich frei, sich selbst neu zu erfinden und ihre religiösen Überzeugungen nach ihren eigenen Bedingungen zu erforschen. Nach dem Abschluss zog sie nach Chicago und führte dort ein gutes Leben.

Ich staunte, wie viel selbstbewusster und entspannter Kaitlyn inzwischen geworden war. Sie sprach ausführlich über ihren Glauben, und ich konnte spüren, dass sie zu einer zutiefst spirituellen jungen Frau mit einer großen inneren Stärke herangewachsen war. Ganz auf sich gestellt, hatte sie entdeckt, dass sie am glücklichsten war, wenn sie mit Gott Gemeinschaft pflegte.

Ich bin in einer jüdischen Familie aufgewachsen, aber nicht besonders religiös. Meine Mutter wurde während des Zweiten Weltkriegs in einem Konzentrationslager geboren, wenige Monate nachdem ihre Eltern aus ihrer polnischen Heimatstadt deportiert und getrennt worden waren. Meinem Großvater gelang bald darauf die Flucht, und er arbeitete in der Untergrundbewegung gegen die Nazis, während meine schwangere Großmutter in ein Arbeitslager in Russland kam. Sie nähte als Zwangsarbeiterin Uniformen für die Nazi-Soldaten, wobei sie und die anderen Frauen bestimmte Akkordzahlen erreichen mussten, um etwas mehr als die üblichen Hungerrationen Essen zu bekommen. Die anderen Frauen gaben ihr heimlich etwas von ihrem Essen ab, obwohl sie selbst oft hungerten, bis sie zum ersten Mal den Akkord schafften: an dem Tag, an dem meine Mutter geboren wurde. Und weil das jiddische Wort für Akkord »Norma« ist, bekam meine Mutter diesen Vornamen.

Die Geschichte fand ein relativ glückliches Ende: Meine Mutter und ihre Eltern überlebten und kamen kurz nach dem Krieg wieder zusammen. Aber die frühkindliche Erfahrung hat bei ihr eine irgendwie vorwurfsvolle Haltung zur Religion zur Folge gehabt. Sie hatte erlebt, wie viel Religion einen Menschen kosten kann, als dass sie sie durchweg positiv hätte sehen können. Und ich glaube, das hat sie an mich weitergegeben.

Ich glaube, kein Gott könnte bösartig oder auch nur interessiert genug sein, mir meine Krankheit zu schicken. Oder wie Nancy Mairs in ihrem Essay über das Leben als Krüppel schreibt: »Ich mag das Wort ›behindert‹ nicht, weil es so klingt, als hätte mir jemand mit Absicht diesen Nachteil geschickt, jemand, den ich mir nicht vorstellen kann. Mein Gott ist kein Behinderer.« Mir fällt es leichter, zu glauben, dass mein Tumor irgendwie das Ergebnis meines Verhaltens als Mensch ist. Ich glaube, Gott ist in uns allen. Gottes Eingreifen liegt in mir drin. Ich muss nur wissen, wie ich darauf zurückgreife. Wer hat mir die Werkzeuge dazu gegeben? Ich weiß nicht, ob es die Natur war oder meine Eltern oder die Gesellschaft oder Gott selbst. Aber woher es auch immer kommt, es erhält mich am Leben.

28

Es blieb kalt, solange ich in Chicago war, und als ich Richtung Westen fuhr, wurde es nur noch kälter. Die Zugfahrt nach Minneapolis sollte gut acht Stunden dauern, und ich freute mich, wenn ich bei unseren Aufenthalten aussteigen und die Beine ausstrecken konnte. An einem solchen Halt, etwa auf der Hälfte der Reise und irgendwo im Nirgendwo, stand ich ein Stück vom Zug entfernt, als der Schaffner rief: »Alles einsteigen!« Inzwischen wusste ich, dass er das normalerweise etwa zehn Minuten vor Abfahrt des Zuges rief, also trödelte ich noch ein bisschen. Ich hob mein Handy, um den Schaffner zu fotografieren, der in der Tür stand – für mich sah das nach einem guten Bild aus –, und genau in diesem Moment schrie er mich an: »Was zum Teufel tun Sie denn da draußen? Steigen Sie verdammt noch mal ein!« Und bevor ich wusste, was geschah, fuhr der Zug los. Ich hatte meine gesamten Sachen im Zug gelassen! Also humpelte ich, so schnell ich konnte, mein Stock schwang wild vor und zurück, und ich sah den eisigen Blick des Schaffners. Als ich nur noch zwei Handbreit von der Tür entfernt war, dachte ich mir, jetzt oder nie, packte den metallenen Handgriff mit der rechten Hand und zog mich mit dem letzten Rest meiner Kraft in den fahrenden Zug.

Aber das war noch nicht das Beste an dieser Fahrt.

Der Zug fuhr weiter, Minneapolis war noch vier Stunden entfernt, und ich ging in den Speisewagen, um etwas zu Abend zu essen. Man konnte sich hinsetzen, wo man wollte, und ich ließ mich neben einen bulligen Kerl fallen, der, wie sich herausstellte, auf dem Weg nach Minneapolis-St. Paul war, um eine Woche lang zum Eisfischen auf dem Lake Calhoun zu gehen. Er war, wie so viele Leute im Mittleren Westen, herzlich, aber nicht besonders gesprächig. Aber das war mir eigentlich ganz recht. Mein Essen kam, ein gummiartiges Brathähnchen, das ich kaum schneiden konnte, zumal ich ja Gabel und Messer nicht gleichzeitig halten konnte. Mit meiner guten Hand säbelte ich mit dem Messer an dem Fleisch herum und versuchte, ein mundgerechtes Stück hinzukriegen, aber ich kam überhaupt nicht voran. Als ich gerade aufgeben wollte, sprach mich mein neuer Freund, der Eisfischer, plötzlich an. »Hier«, sagte er und zog ein blitzendes silbernes Beil aus seiner Tasche. »Ich helfe Ihnen.« Und er hob das Beil auf Schulterhöhe und ließ es mit einer einzigen schnellen Bewegung – zack! – heruntersausen, so dass die Hähnchenbrust in zwei Teile gespalten wurde. »Hm«, sagte ich und versuchte, cool zu wirken. »Schneiden Sie Ihr Essen immer so?«

Als ich in Minneapolis endlich ausstieg, machte ich ein Foto vom Thermometer: achtzehn Grad minus. Mein alter Freund Jeffrey – mit dem ich in New York als Kellner zusammengearbeitet hatte – bot mir freundlicherweise eine Übernachtungsmöglichkeit an. Am nächsten Tag fuhren wir hinaus zum Lake Calhoun, um nach meinem Freund aus dem Zug zu sehen, aber der See war riesengroß, und es gab viel zu viele Eisfischer dort. So stand ich also auf dem zugefrorenen See in der eisigen Wildnis von Minnesota, sah mich um und fragte mich, was für ein Mensch man wohl sein muss, um Freude daran zu haben, ein Loch ins Eis zu hacken und da bei Temperaturen unter dem Gefrierpunkt zu sitzen. Nur um ein paar Fische zu fangen. Aber ich hatte die Antwort ja eigentlich schon bekommen.

Ich wohnte zwar bei Jeffrey, verbrachte aber die meiste Zeit meines kurzen Besuchs mit einer ehemaligen Schülerin namens Emelie. Sie war in meinem ersten Unterrichtsjahr bei mir im Kurs gewesen und hatte mir anvertraut, dass sie sich oft einsam fühlte. Jung, wie ich damals war, nur ein paar Jährchen älter als sie, stand ich auch manchmal ziemlich neben mir. Und so erzählte ich Emelie von meinem Ritual, kurz vor Mitternacht noch einmal rauszugehen und den Mond anzuschauen. Es tröstete mich immer, dass Millionen Menschen gleichzeitig mit mir denselben Mond anschauten, wo auch immer ich war oder was ich gerade erlebte. Ich sagte Emelie, wenn sie das täte, wäre sie nie allein.

Und so machten wir es in Minneapolis.

Nach dem Abendessen und ein paar Drinks in einem Restaurant standen wir draußen auf dem Parkplatz und sprachen von Orten, an denen ich gewesen war, und von Orten, die sie noch besuchen wollte. Emelie gab zu, dass sie sich immer noch manchmal einsam fühlte. Ich verstand das Gefühl jetzt besser. Und wir erinnerten uns an mein Ritual und schauten beide zum Himmel empor: ein Lehrer und seine ehemalige Schülerin, zwei Menschen, die beide in dem Gedanken Trost fanden, dass wir immer den Mond anschauen und uns dort treffen konnten, wohin auch immer das Leben uns führen mochte.

*

Als ich meinen Schulabschluss machte, haben Sie mir gesagt, wenn ich Sie jemals brauchen würde, könnte ich Sie nachts beim Mond finden. Jede Nacht würden Sie zum Mond hinaufschauen, und da würde ich Sie finden. In den letzten elf Jahren hat es viele Gelegenheiten gegeben, wo ich Sie da oben getroffen habe, und es war immer tröstlich für mich.

Danke für das, was Sie mir damals bedeutet haben und seitdem bedeuten. Ihr freundliches, großzügiges Herz hat die Herzen Hunderter anderer Menschen berührt. Ich weiß nicht, wie Sie das machen. Ich hatte immer das Gefühl, etwas Besonderes zu sein. Dass Sie und ich eine besondere Verbindung hatten. Aber mir war auch klar, genauso ging es all den anderen Schülerinnen und Schülern, die in Ihnen dasselbe sahen wie ich. Die Worte, die Sie mir in mein Jahrbuch geschrieben haben, werden mich immer begleiten. Ich erinnere mich, dass Sie mir sagten, wie wüssten nicht, was Sie schreiben sollten. Sie wollten mich einfach anschauen und dann schreiben, was Ihnen einfiele. Und so sahen Sie mich an, schauten überhaupt nicht aufs Papier und schrieben drauflos: »Mit diesem Eintrag soll alles Ungesagte gesagt sein. Unausgesprochene Worte der Zuneigung, der Verbindung und jetzt der Sehnsucht. Vielleicht fällt es mir deshalb so schwer, die Worte zu schreiben, weil ich wirklich nicht will, dass dies der Abschied ist. Aber Du weißt, alles geht vorüber. Versuch, in Verbindung zu bleiben. Aber ich weiß, ich werde Dich vermissen, Miss Lalama. Immer. In Liebe, D. Menasche.«

Emelie Lalama, Coral Reef Senior High School, Jahrgang 2000

29

Am 26. Januar 2013, nach einer zweiundfünfzigstündigen Zugfahrt, die in Minnesota startete und mich durch den aufregenden hohen Norden – die Bundesstaaten North Dakota, Wyoming und Washington – führte, bevor sich die Strecke nach Süden wendete und durch Oregon weiterging, kam ich in dem letzten Bundesstaat meiner Reise an: Kalifornien. Die Fahrt schien unendlich, und der Zug hatte Verspätung. Ich war verwirrt und alles andere als frisch, als ich ausstieg, aber dann hörte ich meinen Namen. »Menasche!«, rief eine wohlvertraute, melodische Stimme, die mich geradewegs zurück ins Klassenzimmer katapultierte. Und als ich mich umdrehte, sah ich meine ehemalige Schülerin Mona Tajali auf mich zulaufen. »Menasche!«, rief sie noch einmal und umarmte mich dann liebevoll und heftig.

Als Mona meine Schülerin wurde, war sie gemeinsam mit ihrer Mutter gerade in den USA angekommen – als politische Flüchtlinge aus dem Iran, nachdem ihr Bruder dort vom Regime ermordet worden war. Sie hatten am eigenen Leib erlebt, wie schwer es Frauen in patriarchalischen Gesellschaften haben, und obwohl sie ja eine starke Frauengestalt zu Hause hatte, wusste sie, welches Verhalten von Frauen in ihrer Kultur erwartet wurde. Als kleines Mädchen war Mona sehr brav gewesen und hatte sich fast nur in der privaten

Umgebung ihres Zuhauses aufgehalten. Als sie 1997 in meinen Kurs kam, war sie sehr scheu und versuchte, ihre Herkunftskultur mit den Erwartungen des neuen Landes unter einen Hut zu bringen.

Ich verstand, warum Mona sich so sehr auf eine spezielle Kurzgeschichte einließ, die wir lasen. Sie trägt den Titel *Die gelbe Tapete* und ist von Charlotte Perkins Gilman. Und sie handelt von einer Frau im 19. Jahrhundert, die wegen ihrer »Hysterie« eingesperrt wird – ein damaliger Begriff für alle Arten psychischer Erkrankungen bei Frauen. Als wir über den Text sprachen, sah Mona vielleicht zum ersten Mal die Erfahrung einer Frau aus dem Westen, die ihrer eigenen Erfahrung ähnelte. Einer Frau, die ebenfalls männlicher Dominanz und dem Patriarchat unterworfen war. Am Ende der Erzählung triumphiert diese scheinbar machtlose Frau über die Unterdrückung, durch das Schreiben und ihren kreativen Geist – ihre eigene intellektuelle Unabhängigkeit kann sie letztlich befreien.

Mona war inzwischen glücklich verheiratet und hatte einen acht Monate alten Sohn namens Benny, außerdem war sie Doktorandin im Fach Anthropologie, ihr Schwerpunkt: die Situation der Frauen in den Kulturen des Nahen Ostens. Sie arbeitete für eine Organisation, die Workshops zum Widerstand gegen Frauenfeindlichkeit abhält und darüber schreibt. Es geht darum, den Blick von Frauen zu schärfen, die ihre eigene Situation verbessern wollen. Sie hatte sogar an einem Buch über parlamentarische Geschlechterquoten mitgeschrieben, das in fünf Sprachen übersetzt wurde.

Mona fuhr mit mir vom Bahnhof aus direkt in den Golden Gate Park. Als ich vor drei Monaten losgefahren war, hatte ich das Ziel gehabt, einmal quer durchs Land zu fahren. Wenn ich den Pazifik sehen konnte, mit dem bisschen Augenlicht, das mir noch blieb, dann wüsste ich, dass ich Erfolg gehabt hatte. Nun saß ich da und blickte auf die majestätische Golden Gate Bridge und das indigoblaue Wasser des Pazifischen Ozeans, wie so oft in meinen Träumen, und mir war ein bisschen schwindlig, fast wie betrunken von diesem größten Gefühl des Triumphs, das ich je erlebt hatte. »Ich hab's geschafft«, sagte ich immer wieder. »Ich habe es geschafft.« Und ich hatte es tatsächlich geschafft. Ich hatte mein Ziel erreicht, mein Selbstvertrauen zurückzuerobern, nachdem der Krebs es mir geraubt hatte.

Und das Sahnehäubchen war, dass Mona in diesem Moment neben mir stand, die lebendige Verkörperung meiner größten Hoffnungen und Träume für alle meine Schülerinnen und Schüler.

*

Danke für alles, was Sie getan haben. Danke, dass Sie mich in dieser neuen Umgebung willkommen geheißen haben, dass Sie mir den Übergang in die Teenagerjahre und später ins Erwachsenenleben leichtgemacht haben, als ich nach meiner Identität suchte und herausfinden musste, wer ich sein wollte. Danke für Ihre Freundlichkeit und Fürsorge in unseren langen Gesprächen über Jungs, Freundschaften, Eltern und das College. Danke, dass Sie mir Mut gemacht haben, meinen Träumen zu folgen, wie viele Schwierigkeiten auch vor mir liegen mochten. Und schließlich danke, dass Sie ein Lehrer waren, in jedem möglichen Sinn des Wortes. Ich habe so viel Glück gehabt, dass Sie mein Lehrer waren. Sie leh-

ren, inspirieren und ermutigen mich heute noch. Es ist mir eine Ehre, dass ich Sie gekannt habe, und ich danke Ihnen, dass Sie mich besucht haben. Danke, Menasche, ich verdanke Ihnen viel!

Mona Tajali, Coral Reef Senior High School, Jahrgang 2001

*

Bevor ich aus Kalifornien abreiste, besuchte ich eine letzte Schülerin. Sie war ein so vielversprechendes Mädchen gewesen, dass ich meine Rückreise extra verschoben hatte, um sie noch zu treffen. Aly Ocampo war eines dieser Kids gewesen, die ihr Potenzial hinter Unsicherheit und Schüchternheit verstecken. Im Unterricht war sie oft so überwältigt von ihren eigenen Gedanken, dass sie nicht die richtigen Worte dafür fand, und so wandte sie sich immer mehr nach innen. Eines Tages steckten wir mitten in einer scherzhaften Debatte, und in ihrer Eile, etwas zu sagen, begann sie zu stottern. Einige Mitschüler kicherten, und ich rief: »Pause!« Dann lief ich im strömenden Regen zu meinem Auto und kam ein paar Minuten später klatschnass mit einem roten Stressball aus Schaumgummi zurück, den ich während einer meiner Chemos im Krankenhaus bekommen hatte. Als ich Aly den Ball gab, sah sie mich an, als hätte ich den Verstand verloren. »Drück ihn wie der Teufel«, sagte ich. »Und dann sag uns, was du gerade sagen wolltest.« Und wissen Sie was? Es funktionierte wie von Zauberhand.

Den Rest des Jahres ließ ich den Ball in meiner obersten Schreibtischschublade liegen und gab ihn Aly, bevor wir anfingen. Und sie drückte und drückte, bis sie sich aufs Sprechen konzentrieren konnte. Bis zum Ende des Schuljahres war sie eine der eloquentesten Schülerinnen im Kurs. Wenig später war sie auf dem Weg an das angesehene Berklee College of Music in Boston. Bei der Abschlussfeier schenkte ich ihr den roten Stressball als Zeichen, wie stolz ich auf sie war. »Vielleicht brauchst du den, wenn du komponierst«, sagte ich.

Als Aly anrief und fragte, ob ich sie während meiner Zeit an der Westküste treffen wollte, konnte ich nicht widerstehen. Ich verlegte meine Heimreise, um sie in ihrem schönen Haus in den Hollywood Hills zu besuchen. Ali verdiente sich inzwischen ihren Lebensunterhalt als Leadsängerin einer bekannten Countryband. Sie und ihr Freund, ein Gitarrenvirtuose namens Josh, tourten mit ihren Bands, machten Plattenaufnahmen und verbrachten ihre Zeit mit faszinierenden Künstlern und Rockstars.

Nach meinem Besuch fuhr mich Aly zum Flughafen. Ich war traurig, dass meine Reise dem Ende entgegenging und dass ich mich noch einmal von einer meiner Schülerinnen und Schüler verabschieden musste. Damit wir beide nicht zu deprimiert wurden, sang ich die Titelmelodie aus der Westernserie *Tausend Meilen Staub* und hielt meinen Stock wie eine Balancierstange, als sie mich in einem Rollstuhl durch den Terminal schob. »Wenn Sie so weitermachen, werden wir noch verhaftet!«, rief sie, und wir prusteten beide los.

Die Securityleute gestatteten Aly, mich bis zum Gate zu schieben. Bevor sich unsere Wege trennten, griff sie in ihre Handtasche und zog den roten Stressball hervor. »Ich glaube, ich bin fünf Mal umgezogen, seit Sie ihn mir geschenkt haben, und ich besitze ihn immer noch«, sagte sie. »Und wenn ich mal richtig gestresst oder ängstlich bin, dann benutze ich ihn.«

»Nicht zu fassen«, sagte ich. »Nicht zu fassen.«

Meine Schüler hatten es im Leben weit gebracht: Sie waren Ehemänner und Ehefrauen, Eltern, Banker an der Wall Street, Doktoranden, Regierungsbeamte, Einwanderungsbeamte, Schriftsteller, Lehrer und Anwälte geworden. Unwillkürlich dachte ich, ich hätte als Lehrer den Hauptpreis davongetragen. Als Anfänger war ich in eine der besten Highschools unseres Landes geraten und hatte fünfzehn Jahre lang mit Schülern arbeiten dürfen, die begierig aufs Lernen waren. Während meiner Reise war es mir gelungen, nicht mehr der Lehrer zu sein, sondern zum Schüler zu werden, und so hatte ich ganz neue Welten und Erfahrungen kennengelernt. Und was mir am wichtigsten war: Ich hatte Gelegenheit bekommen, die Spuren zu erkennen, die in ihnen allen übrig geblieben waren von der Zeit, die sie in meinem Klassenzimmer verbracht hatten.

Meine Schüler sahen mich jetzt genauso, wie ich war: Ich humpelte mit meinem Blindenstock mühsam dahin, trat gelegentlich auf ihre Haustiere, rempelte ihre Kinder an und stieß wertvolle Sachen um. Und sie hatten mich trotzdem aufgenommen und mich angenommen, ohne sich um meinen Zustand und meine Behinderungen zu scheren.

Als ich nach meiner Reise kurz nach Florida zurückkehrte, besuchte ich das Krankenhaus, um den Zugang für die Chemotherapie in meiner Brust durchspülen zu lassen, nachdem er monatelang nicht benutzt worden war. Dieser einfache Vorgang würde mich davor bewahren, eine Infektion in der künstlichen Apparatur zu bekommen, die mir für die Injektionen während meiner Behandlung unter die Haut gepflanzt worden war. Meine Freundin und ehemalige Schülerin Jennifer fuhr mich zu dem Termin in das nur allzu vertraute Krankenhaus, wo ich sechzehn Mal Chemotherapien bekommen hatte. Bevor ich hineinging, warnte ich sie, dass nicht alle in der Chemotherapie-Abteilung dort restlos begeistert von meiner Entscheidung gewesen waren, die Behandlung zu beenden und abzuhauen. Ich war nicht sicher, wie man mich aufnehmen würde, aber als wir hineingingen, hörten wir ein höchst seltsames Geräusch aus dem Flur: Applaus.

»Was soll das denn?«, fragte ich, und Jen zuckte mit den Schultern, als wir den Flur hinunter zu dem Behandlungsraum gingen, um nachzufragen. Als wir hineinkamen, standen alle Patienten, Krankenschwestern und Ärzte plötzlich auf und klatschten weiter, und ich brauchte eine volle Minute, um zu begreifen, dass ihr Applaus mir galt. Selbst Patienten, die kaum stehen konnten, erhoben sich. Viele von ihnen umarmten mich oder klatschten ab, als ich an ihnen vorbeiging. Und dann kam meine Lieblingsschwester Sonya mit einer Tapferkeitsurkunde auf mich zu, die sie mir verlieh, weil ich meine Reise tatsächlich bis zum Ende durchgehalten hatte.

Als ich mich entschlossen hatte, die Behandlung zu beenden und mich auf die Reise zu machen – meine Version zu Chiefs Flucht in *Einer flog über das Kuckucksnest* –, hatten viele Leute Zweifel an meiner geistigen Gesundheit geäußert. Jetzt standen sie hier und klatschten mir Beifall. Ich werde diesen Augenblick nie vergessen.

Insgesamt war ich einhundertundeinen Tag unterwegs gewesen, hatte zweiunddreißig Städte besucht, eintausendachthundertvierzig Fotos geschossen, zweiundsechzig Stunden Tonaufnahmen gemacht und mich mit fünfundsiebzig ehemaligen Schülerinnen und Schülern getroffen. Wie Huckleberry Finn hatte ich das Gefühl, mein Weltbild habe sich auf meinen Reisen ziemlich erweitert. Und wie Huck fand ich, dass es kein besseres Zuhause gibt als ein Floß.

30

Von der Veranda des Hauses aus, das ich derzeit als mein Zuhause betrachte, kann ich die von Spanischem Moos überschattete Straße und die düsteren alten Häuser auf der anderen Seite im Dämmerlicht sehen. Die Sonne geht gerade unter über der Prytania Street und über New Orleans, am Ende eines Sommers, der so heiß und stickig war, dass selbst meine rosa Magnolien welk werden. Niemand scheint in der Nähe zu sein. Auch kein Autoverkehr. Ein seltsames Schweigen hüllt die Nachbarschaft ein. Ein Moment, wie gemacht fürs Nachdenken.

Und nicht nur für mich. Ich lehne mich in meinem Liegestuhl zurück, der aus Skateboards gebaut ist, und kann immer noch das Dahineilen eines Zuges spüren, das Schaukeln eines Greyhound-Busses und den rauhen Bezugsstoff von Dutzenden Sofas, auf denen ich geschlafen habe. Wieder sesshaft zu sein, haltzumachen, Bilanz zu ziehen und dem nachzuspüren, was ich gelernt habe – so weit bin ich noch gar nicht. Ständig fragen mich Leute: »Wie war die Reise?« Und ich kann immer nur denken: Ich bin doch noch unterwegs.

Vielleicht ist aber auch das schon eine Lektion. Als wäre das Leben eine Reise, ob man sich der Bewegung bewusst ist oder nicht. Sie sind unterwegs. Ich bin unterwegs. Wir alle.

Bevor ich losfuhr, glaubte ich ziemlich sicher, dass ich unterwegs sterben würde. Aber ich bin nicht gestorben. Ich habe unterwegs gelebt. Es hat mich nicht umgebracht, sondern gerettet. Es hat mich vom tiefsten Punkt meines Lebens zu einigen Höhepunkten gebracht. Und ich habe gelernt, dass beides zusammengehört, die Tiefpunkte und die Höhepunkte. Dass Bono recht hat, wenn er singt: »Wenn du den Himmel küssen willst, musst du lernen, wie man kniet.« Also, ich habe gekniet. Immer wieder wurde ich tief demütig und einige Male auch gedemütigt. Aber vielleicht war das nötig. Schließlich war mein Motto die ganze Zeit gewesen: »Ich hab das drauf.« Eine Reise durchs ganze Land, allein, verkrüppelt und zutiefst abhängig von der Großzügigkeit anderer Menschen, hat mir gezeigt, dass ich überhaupt nichts draufhabe.

Jedenfalls nicht ich allein. Und an diesem Punkt kommen meine ehemaligen Schülerinnen und Schüler ins Spiel. Denn sie haben mich gerettet. Sie haben mich aus meiner Frühzeit als Skateboard-Punk mit üblen Manieren und einem noch übleren Haarschnitt gerettet. Und dann noch einmal aus meiner Wirklichkeit nach dem Ende meiner Zeit als Lehrer und am Anfang meiner Zeit als Behinderter, ohne Job und ohne Ehefrau. Da waren sie wieder da. Buchstäblich Tausende von ihnen. Sie haben mir ihre Liebe, ihre Gebete und ihre Unterstützung geschickt. Hunderte überall im Land haben von einem Moment zum anderen alles fallen lassen, um mich bei sich aufzunehmen. Ich weiß wirklich nicht, was ohne sie aus mir geworden wäre.

Fast alle ehemaligen Schülerinnen und Schüler, die ich besucht habe, erinnerten sich noch an die Prioritätenliste. Einige hatten ihre Listen noch, fünf oder zehn Jahre nachdem sie sie geschrieben hatten, vergilbt und verknittert in einem Highschool-Jahrbuch oder einem alten Tagebuch, zusammen mit anderen kostbaren Überbleibseln ihrer Vergangenheit: eine getrocknete Rose, eine Quaste von dem Hut, den sie beim Schulabschluss getragen hatten, eine alte Kino- oder Konzertkarte. Einige machen die Übung heute noch gelegentlich, um einzuschätzen, wer sie in einem bestimmten Augenblick ihres Lebens sind und was ihnen wichtig ist. Ich habe ihnen dasselbe gesagt wie damals im Klassenzimmer: Das Leben geht weiter, und unsere Prioritäten verändern sich.

Nachdem ich so viele Orte gesehen und Menschen getroffen habe, ist es vielleicht an der Zeit, dass ich meine eigenen Prioritäten auch neu bewerte. Ich glaube, meine Liste würde heute mit einem Wort anfangen, das auf der allerersten Liste noch gar nicht vorkam: *Stärke.* Ich habe früher *Macht* (das Wort kommt vor) und Stärke verwechselt, aber ich habe gelernt, dass es einen großen Unterschied zwischen den beiden gibt. Macht ist die Fähigkeit, Veränderung zu bewirken. Das wollte ich in meiner Jugend: etwas bewirken. Und ich bin heute zufrieden, dass ich die Macht, die ich besaß, gut eingesetzt habe. Stärke jedoch ist Durchhaltevermögen, und sie würde heute ganz oben auf meiner neuen Prioritätenliste stehen. Denn alles, was ich mir für die Tage wünsche, die mir noch bleiben, ist die Stärke, sie auszuhalten.

Was sich nicht verändert hat, was immer geblieben ist, vor dem Krebs und seitdem, ist meine Hingabe an meine Schüler. Sie stehen auf meiner Prioritätenliste ganz oben. Aber seit meiner Reise habe ich begriffen, dass ich bei ihnen auch Priorität habe. Ich hatte gehofft, ich hätte in ihnen die Liebe zu Büchern und Literatur geweckt und eine tiefe Neugier auf die Welt. Dabei habe ich etwas viel Lohnenderes bekommen: Schüler, die zu freundlichen, liebevollen Menschen in dieser Welt herangewachsen sind. Menschen, die mir Obdach gewährt haben, Schutz vor dem Sturm meiner Krebserkrankung und der Verzweiflung. Und die dafür nicht einmal Dank brauchten oder erwarteten. Wenn das nicht reicht, damit wir unseren Glauben in die Menschheit wiedererlangen, dann weiß ich auch nicht.

Jetzt ist die Sonne fast verschwunden, und es ist dunkel geworden. Aber hinter mir, im Haus, brennt Licht. Ich kann meine Mitbewohnerinnen Jen und Melissa hören, die im Wohnzimmer vor dem Abendessen noch ein wenig plaudern und lachen. In ein paar Minuten, wenn wir uns an den Esstisch setzen, werden sie mir helfen, den Deckel der Flasche mit der scharfen Soße aufzuschrauben, und vielleicht werden sie mir sogar mein Essen kleinschneiden. Es hat eine Zeit gegeben, da wäre mir so etwas sehr traurig vorgekommen. Und jetzt? Jetzt fühle ich mich gesegnet durch ihre Gegenwart. Und dass sie beide ehemalige Schülerinnen von mir sind – aus den Jahrgängen 2009 und 2010 –, macht die Sache nur noch bewegender. Es ist, als hätte sich ein Kreis geschlossen.

*

Ich möchte Dir sagen, dass ich Dir alles Glück meines Lebens verdanke. Du warst so außerordentlich geduldig und unglaublich gut zu mir. Ich möchte das sagen, obwohl es alle wissen. Wenn mich irgendjemand hätte retten können, dann wärst Du es gewesen. Ich habe alles verloren, außer der Gewissheit Deiner Güte.

Virginia Woolf in ihrem Abschiedsbrief an ihren Mann, März 1941

Coda

Der größte Nutzen des Lebens besteht darin,
es für etwas einzusetzen, das uns überdauert.
Willam James, Philosoph

Heute habe ich ein Leben gerettet. Ohne irgendetwas Besonderes oder Außergewöhnliches zu tun, habe ich das Leben einer Schülerin gerettet, die vorhatte, sich umzubringen. Indem ich zur Stimme ihrer Vernunft wurde, ihr einen gut geerdeten Blickwinkel anbot, sie meiner bedingungslosen Annahme versicherte und ihr die Sicherheit meines gemütlichen Büros zur Verfügung stellte, habe ich ihr das Leben gerettet.

Ich bin Kara Trucchio, Beratungslehrerin an einer Highschool und eine ehemalige Schülerin von David Menasche. Ich will gern glauben, dass meine Erfahrung mit ihm mich dazu inspiriert hat, mir einen Beruf im Erziehungsbereich zu suchen. Ich war und bin fasziniert von Menasches Liebe für das, was er tat. Unterrichten war nicht sein Job, sondern seine Leidenschaft. Und nachdem ich jetzt meine eigene Leidenschaft gefunden habe, wache ich morgens nicht mehr nur um meiner selbst willen auf: Ich habe eine ganze Schar von Schülern, die von meiner Gegenwart abhängig sind.

Menasche, ich hoffe wirklich, dass Sie Ihren eigenen

Wert erkennen. Ich wäre glücklich, wenn ich mich auch nur im Entferntesten mit Ihnen vergleichen könnte, was Ihren Erfolg bei der Inspiration von Schülern angeht. Sie haben uns die Mittel gegeben, die wir als junge Erwachsene brauchten, um unsere eigenen Leidenschaften zu entdecken. Ich glaube, wir alle haben unser Potenzial, manchmal braucht man nur die richtige Hilfe, um es zu entdecken. Sie haben an jeden Einzelnen von uns als einzigartiges Individuum geglaubt und in uns die Sehnsucht geweckt, unsere Möglichkeiten ans Licht zu bringen.

Ich habe David Menasches tägliches Tun im Klassenzimmer nie verstanden. Immer wieder forderte er uns dazu auf, eine Liste zufälliger Dinge zu führen, die während des Unterrichts gesagt oder getan wurden. Beispielsweise die Leute, die aus dem Zimmer gingen; Wörter, die gesagt wurden; Fragen, die gestellt wurden; Geräusche, die wir hörten. Und am Ende des Unterrichts verglichen wir unsere Listen. Erst jetzt, dreizehn Jahre später, verstehe ich das. Diese scheinbar unbedeutende Tätigkeit hat mich gelehrt, dass um uns herum ständig Dinge passieren, die wir gar nicht bemerken. Ich habe gelernt, meine Augen für die kleinen Dinge zu öffnen. Das Leben geht weiter, die Erde dreht sich, unabhängig von unseren individuellen Unterschieden und Lebensumständen. Ich bin geneigt, das mit David Menasches gegenwärtiger Situation in Verbindung zu bringen. Er hat seiner Prognose ins Auge sehen müssen, aber er hat sich nicht davon abhalten lassen, sein Leben zu leben. Nicht jeder von uns wäre in der Lage, eine so harte Wirklichkeit anzunehmen.

Auch wenn Sie aufgehört haben zu unterrichten: Ich mache weiter mit Ihren Lektionen. Ich habe ein paar Semester an einem College Psychologie für Studienanfänger unterrichtet. Dabei habe ich schnell gelernt, dass die Lehrbücher und standardisierten Lehrpläne nicht alle Fragen meiner Schüler beantworten konnten. Und so musste ich irgendwann die verschiedenen Arten der Liebe mit eigenen Worten definieren. Da das aber fast unmöglich ist, habe ich ihnen von »Menasches Eskimo-Analogie« erzählt. Offenbar haben die Eskimos Hunderte verschiedener Wörter für Schnee, weil sie so viele unterschiedliche Verwendungen für Schnee haben. Warum haben wir nicht genauso viele Wörter für Liebe? Ich liebe meine Mutter anders, als ich Eiskrem liebe. Liebe ist ein komplexes Gefühl, das jeder auf irgendeine Weise empfindet. Wir alle sind fähig zur Liebe.

Lieben, lehren, inspirieren. Menasche, wenn Sie wissen wollen, ob Sie anderer Menschen Leben berührt haben, dann versichere ich Ihnen: Ja, das haben Sie. Ihre Lektionen und Ihre Leidenschaft leben weiter in den Herzen Ihrer ehemaligen Schüler und ewigen Freunde. Ich verspreche Ihnen, ein sinnvolles Leben zu führen und damit weiterzumachen, denen Inspiration zu schenken, die sie am nötigsten haben. Sie haben Ihr Leben auf jeden Fall für etwas eingesetzt, das Sie selbst überdauert.

Danksagung

Ich danke meiner gesamten Familie: für all eure Liebe, Erziehung und Unterstützung über all die Jahre hin. Ich hoffe, ich habe ein bisschen von dem Trauma wiedergutgemacht, das ich während meiner Teenagerjahre in euer Leben gebracht habe.

Ein großes Dankeschön geht an meine Freunde Heidi Goldstein, Toby Srebnik und Hilary Gerber, die meine Reise – und danach dieses Buch – möglich gemacht haben: Ihr habt alle drei eine wichtige Rolle in meinem Leben gespielt, und dafür bin ich sehr dankbar.

Danke an alle meine Schülerinnen und Schüler: für eure Spenden, eure Gastfreundschaft oder einfach eure Bereitschaft, irgendwo unterwegs mit mir ein Glas zu trinken. Die Zeit, die wir zusammen verbracht haben, hat mir mehr bedeutet, als ihr euch vorstellen könnt. Meine Zeit als euer Lehrer war die wichtigste und erfüllendste Zeit meines Lebens bis zu dem Tag, an dem ich zu meiner Reise aufbrach. Unterwegs habt ihr alle mir gezeigt, dass mein Leben noch nicht zu Ende war und dass es sogar noch besser werden konnte. Dafür werde ich euch ewig dankbar sein.

Und ich bin dem Team sehr dankbar, das geholfen hat, dieses Buch zusammenzustellen: meiner Agentin Brandi Bowles – danke für deinen Glauben an dieses Buch und für alle Unterstützung. Ich könnte mir keine klügere, leidenschaftlichere oder fürsorglichere Agentin wünschen. Matthew Benjamin – danke, dass du an mich geglaubt hast und für deine Gedanken darüber, wie man aus meiner Reise ein Buch machen könnte. David Falk, Stacy Creamer und das ganze Team bei Touchstone und Simon & Schuster – danke für all eure Hilfe und Unterstützung. Jodi Lipper – danke für die stundenlangen Gespräche, die mir geholfen haben, meine persönlichen Gedanken in eine lesbare Sprache zu übertragen. Robin Gaby Fisher – danke, dass du nicht nur eine wirklich begabte Autorin und eine wunderbare Kollegin bist, sondern auch fürsorglich, warmherzig und unglaublich geduldig. Ich hätte das hier ohne dich nie geschafft, und das Beste an der ganzen Zeit war eigentlich, dich kennenzulernen und dich jetzt als meine Freundin zu betrachten.

Und schließlich: Danke an alle Schülerinnen und Schüler, die in all den Jahren in meinem Klassenzimmer gesessen haben. Ich hoffe, ich konnte euch wenigstens einen Bruchteil dessen beibringen, was ich von euch gelernt habe.

Die Prioritätenliste

Abenteuer

Akzeptanz

Beruf

Besitz

Bildung

Ehe

Ehre

Familie

Freundschaft

Gesundheit

Künstlerischer Ausdruck

Liebe

Macht

Privatsphäre

Reichtum

Reisen

Respekt

Schutz

Sex

Sicherheit

Sieg

Spaß

Spiritualität

Stil

Technik

Unabhängigkeit